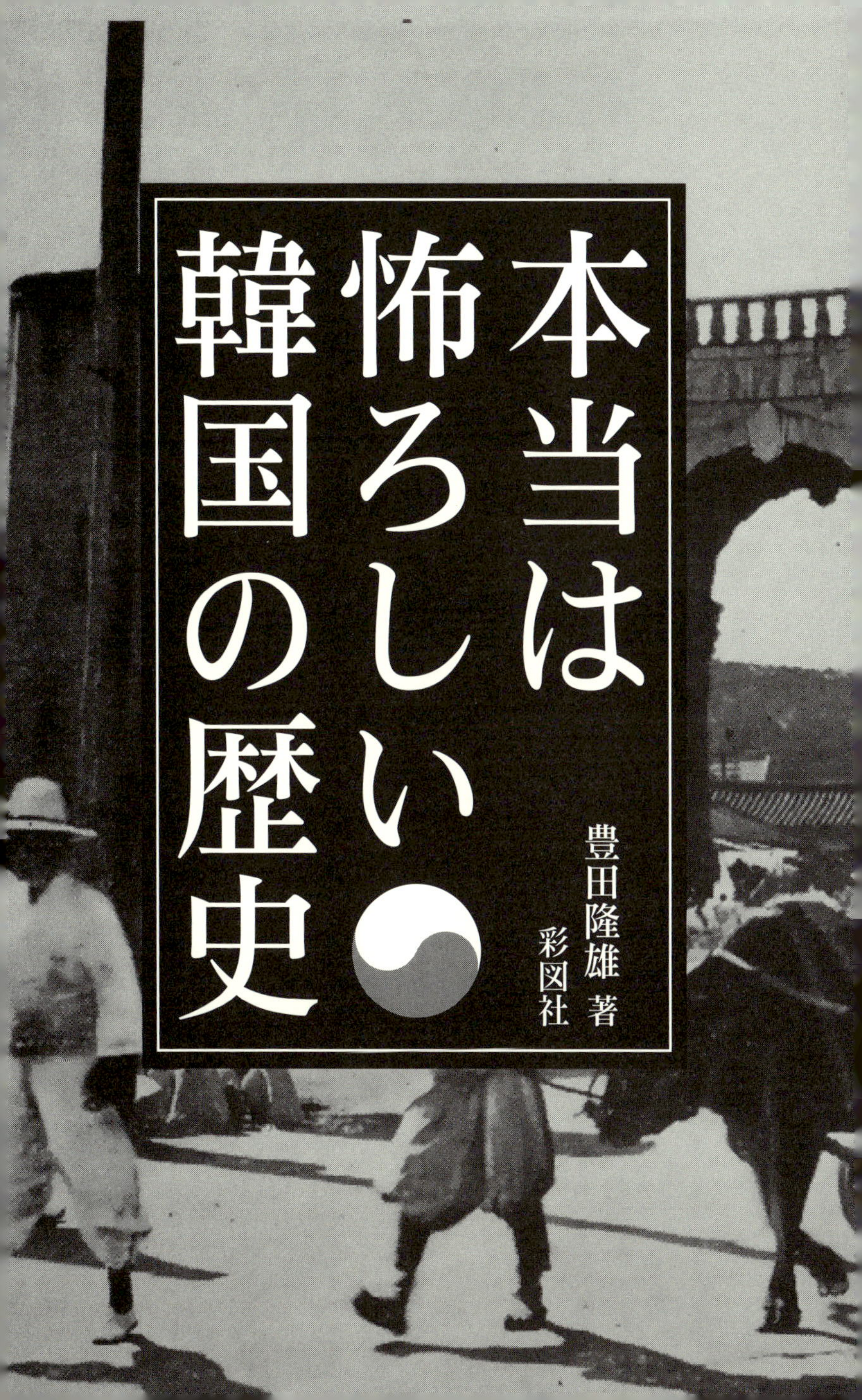

# 本当は怖ろしい韓国の歴史

豊田隆雄 著

彩図社

# はじめに

日本と韓国の関係が冷え込んで久しい。

「従軍慰安婦」、「靖国神社参拝」などの歴史問題が影響しているのは明らかである。

韓国の首脳は、繰り返し「日本は正しい歴史認識を持て」「歴史を歪曲せずに向き合え」と我が国に要求してくる。彼らにしてみれば、韓国人は正しい歴史を学んでいるが、日本人は間違った歴史を学んでいるから分かり合えない、ということなのだろうか。

そもそも日本人はあまり自国の歴史に詳しくない。「竹島が何県なのか」、「北方領土の4つの島の名前は」と聞かれても答えられない人はごまんといる。しかし、歴史教育において歪曲はしていない。むしろ他国に気を遣い過ぎるほどに遣って、史料に基づいた歴史教育を行っていることは、現役の日本史教諭である筆者が保証する。

昨今は歴史問題がメディアで取り上げられることが増えたからか、自国の歴史、とりわけ近代史に興味を持つ日本人も増えてきた。

しかし、対立を抱える韓国については、ほとんど知らない。韓国の歴史といって思い浮かぶのは、せいぜい日本との接点である「白村江《はくすきのえ》の戦い」、「朝鮮出兵」、「日韓併合」。

この程度だろう。

しかし、対馬からわずか海上50キロの場所にある隣国だけあって、実は無数の深い関わりがあるのである。両国が、今の状況からは考えられないような友好関係を築いたときもあったし、韓国ではなく日本が被害者になった侵略劇もあった。それらは、東アジアの勢力図の変転に伴ってのことだから、実は韓国の歴史を知ることで、日本人は自国の歴史を改めて客観的に見ることができる。

さらに、日本人からすると理解し難いような、韓国人の精神性――妬み、無念、不満を貯めこむ「恨《ハン》」という感情や、相次ぐ巨大財閥一門の不祥事に象徴される、過剰に身内を擁護する文化――こういったものも、歴史からたどることで、すっきりと説明がつく。

その歴史は、約960回に及ぶ他国からの侵略と、服従と屈辱の繰り返しである。全貌は当の韓国人ですら耳を塞ぎ、それこそ歴史教育で誤魔化すほど壮絶なものだ。

本書は、韓国の神話時代から、終戦後の民主化までを対象として「韓国人も知らない韓国の歴史」を、対外戦争や内政問題を中心に解説したものである。

まず、第一章「神話の世界と古代国家の成立」では、日本のように朝鮮半島にも伝わる建国神話と、古代国家と日本の知られざる関わりについて記した。日本の歴史教科書では一切触れられない国家についても詳しく述べてある。

次に第二章「統一王朝 高麗と外敵の襲来」では、ようやく誕生した半島の統一王朝「高麗」が大陸の覇者に次々に蹂躙される歴史をご覧頂く。覇者たちのなかでも、常識外れの領土拡大を果たしたモンゴル帝国は、朝鮮のみならず日本にも牙を剥く。日本とモンゴル帝国の激しい戦いに、高麗が意外な関わりをしていたことに驚くはずだ。

第三章「朝鮮出兵と李氏朝鮮の盛衰」では、高麗王朝のすべてを否定して誕生した李氏朝鮮の、栄枯盛衰をたどる。中国大陸を征服する野望を抱いた豊臣秀吉が、大軍で朝鮮半島に攻め入るのもこの頃だ。なぜ韓国人が「壬辰倭乱《じんしんわらん》」と呼んで語り継いだのか、本章を読めば理解できるだろう。

次いで第四章「日韓併合 日本の一部となる」では、いよいよ李氏朝鮮が、彼らに先んじて近代化を成し遂げた大日本帝国に吸収される。韓国が「日本にすべてを奪われた」と呼ぶ統治は本当に搾取だったのか、客観的なデータから結論を出そう。

最後の第五章「国家分断 戦後の朝鮮半島」では、敗戦後に我々が知る大韓民国が成立し、民主国家として歩み出すまでの混沌とした暗闘史をたどった。韓国の大統領が、退任後に軒並み自分や親族の汚職を追及され失脚していく、彼の国特有の現象の正体は、本章を読めば明らかになるだろう。

本書を通じて隣国の哀しくもたくましい歴史を知ることで、読者の韓国に対する理解の助けになれば幸いである。

# 本当は怖ろしい韓国の歴史　目次

はじめに …… 2

## 第一章 神話の世界と古代国家の成立 15

01 【宗主国に気を遣う建国の父】突っ込みどころだらけの建国神話 …… 16

02 【苦難の歴史の幕開け】亡命中国人によって歴史に登場 …… 22

03 【日本の影響下にあった地域とは】三国の成立と任那日本府 …… 28

04 【先進的な文化を持ち込んだ】百済と大和朝廷の関わり …… 32

05 【朝鮮半島の王朝？　それとも…】知られざる日本の友好国 渤海 …… 38

## 第二章 統一王朝 高麗と外敵の襲来 45


06 【特権階級「両班」が誕生】統一王朝 高麗の建国……46
07 【遊牧民国家が迫る】大陸の脅威 遼の侵入……52
08 【一難去ってまた一難】遼の滅亡と女真族の侵攻……58
09 【世界を飲み込む蒙古の嵐】無敵の軍団 モンゴル帝国の進撃……64
10 【文永の役と弘安の役】高麗とモンゴル連合軍の侵攻……71
11 【高麗滅亡のきっかけ】悪名高き海賊 倭寇の登場……78

12 【易姓革命の嵐】
高麗王朝　滅亡のとき …… 84

## 第三章　朝鮮出兵と李氏朝鮮の盛衰　91

13 【歴代王朝の遺産を放棄】
新王朝　李氏朝鮮の建国 …… 92

14 【豊臣秀吉の壮大な野望】
新たなる脅威　文禄の役 …… 96

15 【豊臣秀吉の「慶長の役」】
日本と明　朝鮮半島で激突 …… 102

16 【耐え難い「恥辱碑」も】
清の建国と屈辱の服属 …… 110

17 【時代に乗り遅れる李氏王朝】
近代の始まり　朝鮮の開国 …… 116

18 閔妃と近代化を巡る対立【壬午軍乱と甲申事変】……122
19 日清戦争前夜 東学党の乱【日本と清の間で利害が対立】……128
20 日清戦争と親ロシア派の台頭【半島を巡る対立は新たな局面へ】……134
21 日露戦争 朝鮮から列強を駆逐【日韓併合の端緒】……140

## 第四章 日韓併合 日本の一部となる

147
22 伊藤博文の暗殺と日韓併合【あの元勲は併合に反対だった】……148
23 総督府統治の実態 教育制度篇【日本領土としての朝鮮】……154

24 【創氏改名は強制ではなかった】総督府統治の実態 農林制度篇……160
25 【平和的なデモか、暴動化か？】日本植民地時代の抵抗運動……166


## 第五章 国家分断 戦後の朝鮮半島 173

26 【独立後もひとつにまとまれず】日本統治の終わりと分断開始……174
27 【他の王朝の比較とともに】李王朝 王族たちはどうなった？……180
28 【東西の代理戦争の場に】朝鮮戦争 独裁国家同士の激突……186
29 【止まらない李承晩の暴走】日韓国交正常化と基本条約……192

30 【平和を愛する民族の蛮行】ベトナム戦争での戦争犯罪……198
31 【外貨獲得のためには手段を選ばない】キーセン観光と従軍慰安婦……204
32 【ついに民主化成る】軍事独裁政権の終焉……210
おわりに……218
参考文献……220

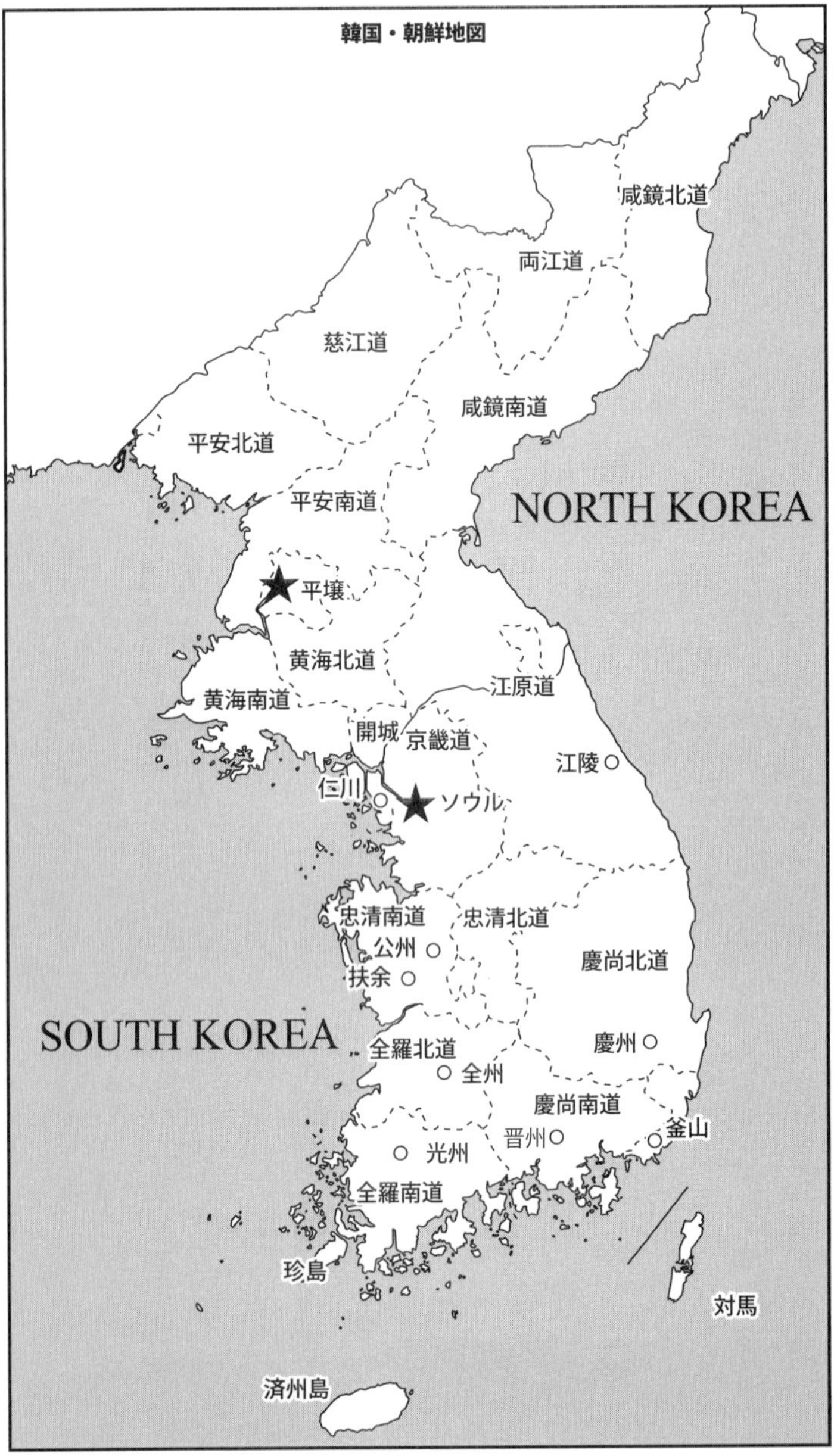
韓国・朝鮮地図
咸鏡北道
両江道
慈江道
咸鏡南道
平安北道
平安南道
NORTH KOREA
平壌
黄海北道
江原道
黄海南道
開城
京畿道
江陵
仁川
ソウル
忠清南道
忠清北道
公州
扶余
慶尚北道
SOUTH KOREA
全羅北道
慶州
全州
慶尚南道
晋州
釜山
光州
全羅南道
珍島
対馬
済州島

## 韓国・朝鮮の歴史年表

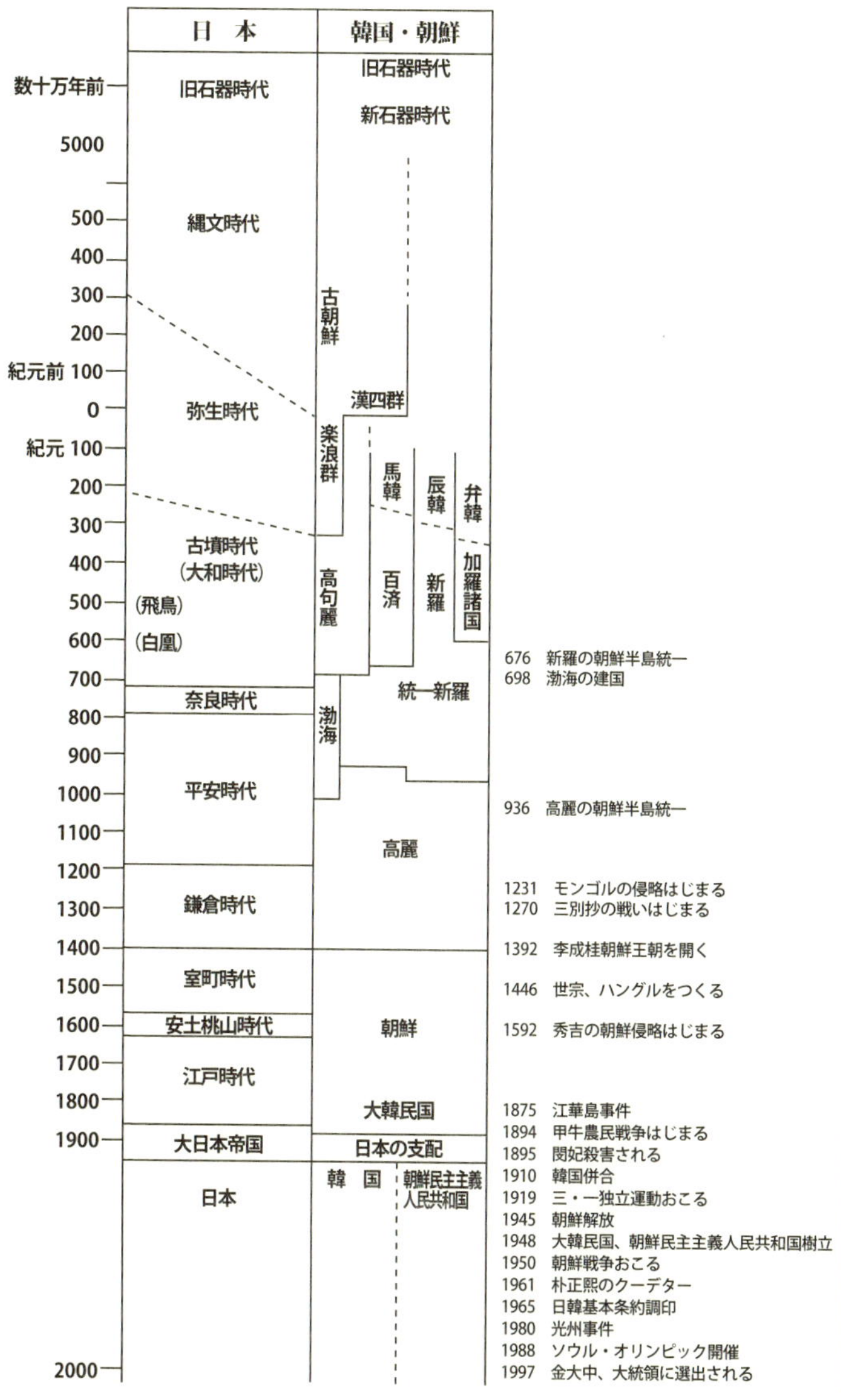

日本
韓国・朝鮮
数十万年前
5000
500
400
300
200
紀元前 100
0
紀元 100
200
300
400
500
600
700
800
900
1000
1100
1200
1300
1400
1500
1600
1700
1800
1900
2000
旧石器時代
縄文時代
弥生時代
古墳時代
(大和時代)
(飛鳥)
(白凰)
奈良時代
平安時代
鎌倉時代
室町時代
安土桃山時代
江戸時代
大日本帝国
日本
旧石器時代
新石器時代
古朝鮮
漢四群
楽浪群
馬韓
辰韓
弁韓
高句麗
百済
新羅
加羅諸国
統一新羅
渤海
高麗
朝鮮
大韓民国
日本の支配
韓国
朝鮮民主主義人民共和国
676　新羅の朝鮮半島統一
698　渤海の建国
936　高麗の朝鮮半島統一
1231　モンゴルの侵略はじまる
1270　三別抄の戦いはじまる
1392　李成桂朝鮮王朝を開く
1446　世宗、ハングルをつくる
1592　秀吉の朝鮮侵略はじまる
1875　江華島事件
1894　甲牛農民戦争はじまる
1895　閔妃殺害される
1910　韓国併合
1919　三・一独立運動おこる
1945　朝鮮解放
1948　大韓民国、朝鮮民主主義人民共和国樹立
1950　朝鮮戦争おこる
1961　朴正煕のクーデター
1965　日韓基本条約調印
1980　光州事件
1988　ソウル・オリンピック開催
1997　金大中、大統領に選出される

# 第一章　神話の世界と古代国家の成立

1

【宗主国に気を遣う建国の父】

# 突っ込みどころだらけの建国神話

●韓国の建国神話

どの国にも、史実とは異なる建国の神話や伝説が存在する。日本においては、イザナギノミコトとイザナミノミコトが交わったことで日本列島が形作られたとされている。太平洋戦争以前は、日本の教科書に建国神話が登場していたのだが、今ではこれを扱うものはほとんどない。詳しい内容を知っている日本人の方が少ないくらいだろう。

しかし、現在の韓国で〝朝鮮建国の父〟とされる檀君《だんくん》を知らない韓国人はおそらく存在しないだろう。なぜなら小学校から高校、果ては徴兵以後の教育課程で必ず紹介されるからだ。日本の建国神話は『古事記』※『日本書紀』に記してあるが、韓国では『三国遺事』がそれにあたる。

お隣の国の建国神話を拝見してみよう。

※『古事記』
712年に成立した日本最古の歴史書。天武天皇が稗田阿礼に読み習わせた「帝紀」「旧辞」を、のちに元明天皇の命で太安万侶が筆録した。全3巻。

## ●檀君誕生！

時は紀元前2000年以前。天帝・桓因《かんいん》の息子の桓雄《かんゆう》は「人間の国を治めたい」と考え、下界を見下ろしていた。息子の志を知った桓因は太白山※地域が良いだろうと考えて、息子に3つの天符印を与え治めさせたのだった。

桓雄は風の神、雨の神、雲の神などの従者3000人とともに太白山に降り立つと、自らを桓雄天王と称し農作業、生命、疾病など人間の生活に関する360もの事業を治め、下界を統治したという。

あるとき、熊一匹と虎一匹が桓雄に「人間にして欲しい」と願い出た。桓雄はよもぎひと袋とニンニク20粒を与え、「お前たちがこれを食べて、100日の間、日の光を見なければ人間になれるだろう」と言った。

伝説上の古朝鮮の王・檀君

人間になりたいと願う熊と虎はそれを食べながら洞窟で生活を始める。

洞窟で生活していれば日の光を見なくて済むからだ。ところが、虎は洞窟での生活に耐えられず飛び出してしまったため、人間になることはできなかった。対して熊は37日目に女性の姿に変わったのだった。「100日じゃなかったの？」と突っ

---

※太白山
太白山は現在の韓国領。白頭山説もあるが、こちらは北朝鮮領で金正日が産まれたこと（実際はロシア領）になっている。

込みたくなるが、先に進もう。

予定より早く人間の女に生まれ変わることができた熊だったが、結婚相手がおらず困ってしまった。しょうがなく熊は太白山の頂上にある、神壇樹の下で毎日子どもが授かるように祈っていた。それを見た桓雄は人間に姿を変えると熊と結婚した。

こうして2人の間にできた子どもが檀君だという。

## ●中国に気を遣う建国の父

世界中のほとんどの国は、建国記念日または独立記念日を持っている。もちろん日本や韓国、中国にも存在する。アメリカが、イギリスから独立した1776年7月4日を独立記念日としているのは有名である。

第二次世界大戦後に独立した国が圧倒的に多いため、記念日のほとんどは1945年以降のものだ。4000年の歴史を自称する中国さえ、毛沢東が天安門で建国宣言をした1949年10月1日を記念日にしている。

日本の建国記念日は、初代天皇・神武天皇※が即位したとされる、紀元前660年の1月1日（現在の2月14日にあたる）だ。そんな中で異彩を放つのが、韓国の建国記念日である紀元前2333年10月3日。檀君が朝鮮を建国されたとされる日である。世界で最も古い出来事に由来しているのだ。

---

※神武天皇
神日本磐余彦天皇ともいう。日本の記紀伝上の初代天皇。天孫の降臨した日向から東征し、前660年元旦に大和橿原宮で即位したという。

檀君が建国したのは、中国の夏王朝の君主・堯《ぎょう》が即位した50年後。平壌城に遷都し朝鮮と号した。天帝の孫である檀君ですら、宗主国である中国に気を遣わなければならないというのが哀しい。

以後は神の血筋を引く者らしく、1500年の長きにわたり朝鮮を統治したが、中国の王朝・周の武王が前王朝・殷《いん》の一族の箕子《きし》に朝鮮を与えたため、檀君は隠れて山の神となり、1908歳で生涯を終えたという。

## ●正体不明の原典

さて、その檀君神話が記されている『三国遺事』は、朝鮮最古の書『三国史記』からこぼれ落ちた説話を集めたものである。『三国史記』の成立は1145年。韓国人は「日本に書物を伝えた」ことを誇りにするが、日本最古の書『古事記』の成立が712年だから、実に400年以上の後れをとっていたことになる。

『三国遺事』の中で檀君神話に触れているのは400字程度である。日本人が古事記の原文を知らないのと同じく、韓国人も知る人はほとんどいないのが実情だ。内容はというと、書き出しに「『魏書』によると」と書かれていることから、中国の歴史書『魏書』からの引用であり、残りの部分は「『古記』によると」とあることから、檀君神話は2つの書物の記述に沿っているものだと分かる。「魏」といえば日本人にとっては『三国志』※に登場

※『三国志』
晋の陳寿によって書かれた魏・呉・蜀三国の興亡を扱った中国の正史。魏書30巻、呉書20巻、蜀書15巻。邪馬台国やほかの諸国、卑弥呼のことが記述されている。日本人になじみのある三国志演義は「三国志」を小説化したもので明代に成立している。

する三国「魏・呉・蜀」のうちのひとつが馴染み深いが、ここでは4世紀に成立した北魏の正史『魏書』を指している。

ところが、肝心の『魏書』には檀君の話はまったく登場しないのである。

ではもうひとつの原典『古記』はどうなのかというと、この書物自体の正体が分からない。こんな危うげな神話を建国と結びつけて大丈夫なのかと不安になるが、神話の成立には当時の朝鮮半島の事情も関係している。

朝鮮半島の1100年代といえば、女真族※の侵入に頭を悩ませていた時期である。それ以前には契丹の侵入にも苦しんでいた。度重なる異民族の侵入に抵抗するためには、国民国家としてナショナリズムを高揚させる必要に迫られたのではないだろうか。そこで民族のシンボルとして担がれたのが檀君だったと考えられる。

日本でも同じことが起こっていた。

『古事記』成立当時の日本にしても、律令国家としての仕組みが整ったばかり。体制が不安定な中で、国のおこりや歴史を書物にまとめようという動きがあり、これを受けて712年に書かれたのが同書である。民族の神話と歴史を語ったものであり、8年後には国家の正史として『日本書紀』が完成している。

663年に朝鮮半島の争いに介入した「白村江の戦い」で敗北したのち、急速に国家を中央集権体制に移行させた日本だったが、大陸からの脅威は拭えず、その反動としてナ

---

※女真族
中国東北部からアムール川流域で生活していた。女直ともいう。女真、女直は自称のジュルチンの宛字ともいわれる。金や清を成立させた。清朝の成立とともにマンジュの呼称が採用され女真の名称は歴史から姿を消した。

ショナリズムの高まりがあったと推測できる。

## ●謎の分析法で実在を確認

ここまで見てきた事実からすれば、誰でも檀君というのは架空の人物だと分かる。そもそも1908年も生きる人間など存在しない。ところが、キリスト教の創世記を真実だと思っている人がいるように、韓国には檀君を実在の人物※だと考えている人も多い。

北朝鮮政府もそう捉えているようで、1993年には平壌近郊の江東郡大朴山で檀君陵を発見したと発表している。墓の中からは遺骨が見つかり、化石の年代特定などに使う「電子スピン共鳴法」という特殊な分析を行った結果、5011年前の檀君の骨であることが確認されたという。しかし詳細については一切公表していない。それにしても、仮に5011年前の骨であるとすると、『三国遺事』の記述とは667年もの誤差が生じてしまう。当時の北朝鮮の狙いは不明のままである。

どうしても間の抜けた印象は拭えないが、韓国では、この檀君神話が国としてのスタートだと考えられている。

---

※実在の人物
筆者が学生時代に東洋史の研究者に聞いたことだが、彼が以前、講義で「黄帝（中国の神話に登場する人物）は伝説上の人物である」と発言したところ、授業後に中国の留学生から「黄帝は実在する人物である」と抗議されたという。

# 2 【苦難の歴史の幕開け】亡命中国人によって歴史に登場

## ●歴史上のスタート

伝説ではなく、歴史上の朝鮮のスタートは「衛氏朝鮮」と呼ばれる政権である。あたりまえのことだが、朝鮮半島は※ユーラシア大陸に属している。つまり中国と陸続きであり、結果として日本とは比べものにならないほど多くの侵略を受けている。

そんな中でも韓国人が口をそろえて言うのが「我が国は1000回もの侵略を受けたが、併合されたことは一度としてない」という主張。「にもかかわらず日本は朝鮮を併合してしまった」と続く。

本当に韓国は日本以外の統治を受けたことがなかったのだろうか？　衛氏朝鮮の歴史を紐解きながら考えてみよう。

※ユーラシア大陸
ユーロ＋アジアの語源が示すように、ヨーロッパとアジアをあわせた地域を意味する、地球上で最大面積の大陸。日本来襲当時の元王朝の支配は、皇帝フビライのもと、朝鮮半島から東ヨーロッパまで及んでいた。

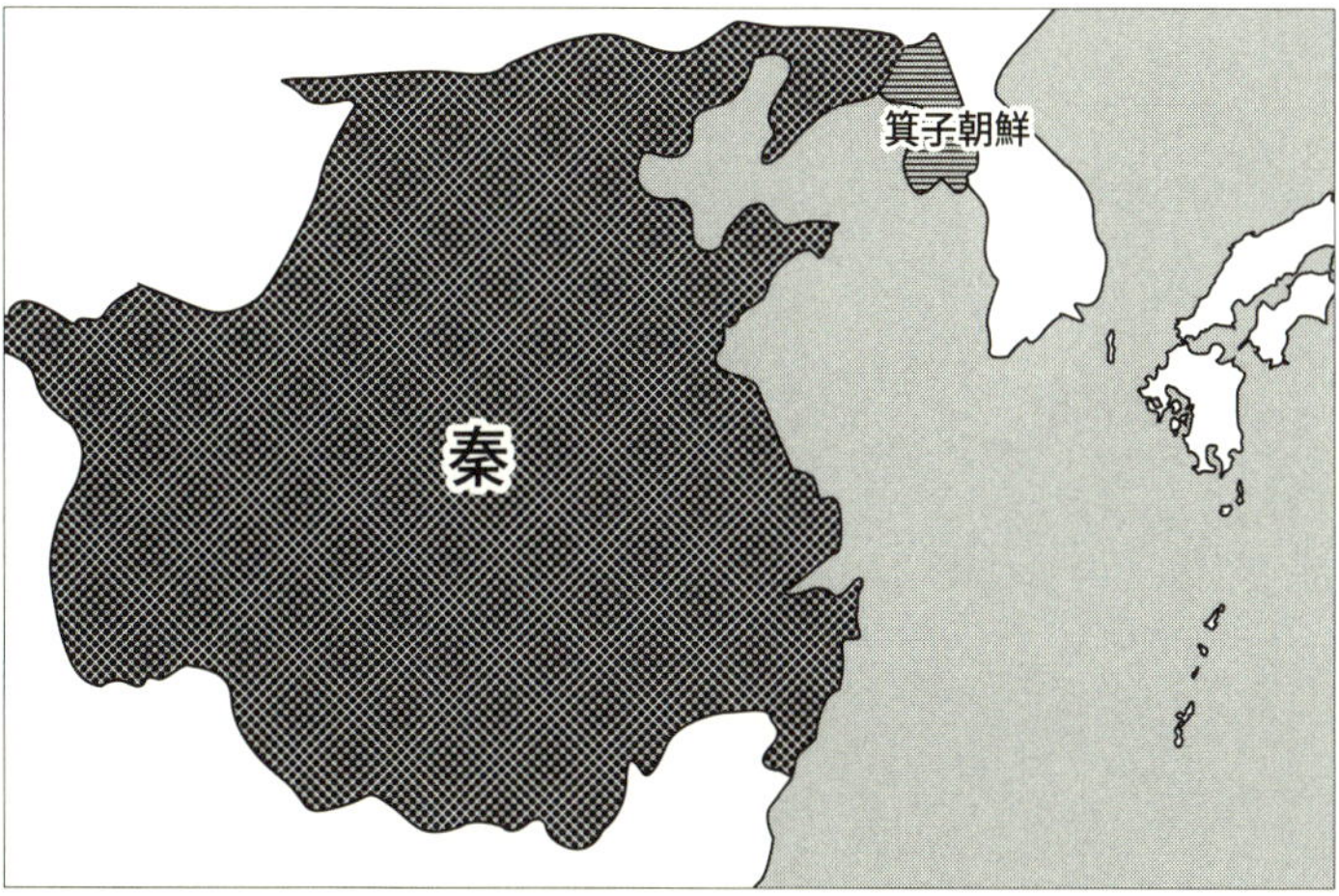


中国全土を支配した大帝国・秦と朝鮮半島。混乱の最中に朝鮮半島に多くの人が渡った

**●衛氏朝鮮の誕生**

朝鮮は中国と陸続きだったせいか、日本よりはるかに早く中国の歴史書に登場する。

紀元前206年、始皇帝が建国した王朝・秦が滅んだ。統一してからわずか15年後のことである。度重なる対外侵略や、阿房宮や万里の長城などの土木工事が人民の反発を招いたのだ。始皇帝が崩御すると陳勝・呉広の乱をきっかけとして、中国全土で圧政に耐えかねた反乱軍が蜂起する。

ここからは『項羽と劉邦』※でお馴染みの両者がしのぎを削ることになる。中国全土は混乱し、治安も乱れていたことから、朝鮮半島に亡命する人々が続出した。『魏志』によれば、燕《えん》、斉《せい》、趙《ちょう》などの国から数万人が戦乱を避けて朝鮮に向かったとある。

※『項羽と劉邦』
項羽と劉邦の戦いを扱った作品が数多く発売された。日本では司馬遼太郎の小説や横山光輝の漫画が有名。

その中のひとりに、燕から1000余人を率いて朝鮮半島に亡命した衛満がいた。紀元前202年、項羽に勝利して漢帝国を築いた劉邦は、韓信をはじめとする建国に功績のあった人たちを次々に誅殺し始める。燕王の盧綰《ろわん》は劉邦から討伐軍を向けられると、戦いを避け、一族と軍勢を引き連れ万里の長城の北方、冒頓単于《ぼくとつぜんう》が治める異民族の大国・匈奴《きょうど》へ亡命したのである。

燕人の衛満は、王と行動を共にすることなく、兵とともに朝鮮に亡命する道を選んだ。当時朝鮮を治めていたのは、建国の父・檀君が君主の座を譲った（伝説上は）箕子の子孫・準王だった。彼は衛満を歓迎し、博士の官職と土地100里を与え、辺境の警備を任せた。

ところが、である。紀元前194年、亡命してきた中国人を糾合して力をつけた衛満は、準王を攻撃して追放し、国を奪ってしまう。まさに恩を仇で返す所業である。彼は王倹城（現在の平壌）に新たな都を定め、王朝を打ち立てる。これが「衛氏朝鮮」の始まりだ。

つまり、朝鮮初の国家は中国からの亡命者によって建国されたことになる。

司馬遷《しばせん》の『史記』※朝鮮列伝にも「朝鮮王満者、故燕人也」とはっきりと記されている。ところが韓国の歴史学者の中には、衛満を中国人ではなく燕に住んでいた朝鮮人だと主張する者も多い。『史記』にある「魋結蛮夷服而東出塞」の一文、すなわち「魋を結い、蛮夷の服を着て東に逃れた」という部分を根拠にしているのだろうが、魋が朝鮮族だけのものとするのは無理がある。

---

※史記
司馬遷によって編纂された中国最初の通史。紀伝体（帝王の年代記）と個人の伝記（列伝）を中心に歴史を記述した。

『三国志魏書』にも同じような記述があり、そこには「燕人衛満亡命、為胡服」とある。胡服を朝鮮服と考えるのには無理があり、やはり衛満は朝鮮に亡命した中国人であろう。亡命者の衛満があっさりと朝鮮を支配できたのは、当時まだ青銅器文化だったところへ鉄器文化を持ち込んだからだといわれる。

「歴史に初めて登場する政権が、他国からの亡命者によって建てられた」という事実は韓国人にとっては辛い現実である。彼らが日本にことさらに「漢字を伝えてやった」「仏教を伝来させた」と主張するのは、常に民族的なアイデンティティが危機に晒されてきたことの裏返しだといえるだろう。

## ●漢帝国の侵攻

さて、建国されたばかりの「衛氏朝鮮」にとっては、国境を接する漢帝国との良好な関係維持が欠かせない。衛満は交渉の結果、「周辺諸族を統制して国境を侵犯しないこと」「諸族の漢帝国への入貢※を妨げないこと」を条件に国を承認してもらった。

衛氏朝鮮では、支配階層は王・相・博士・将軍に分かれていた。支配階層は、中国姓を名乗っている亡命中国人と、姓を持たない在地の有力首長とで構成されていたようである。王位は衛氏一族が代々継承する社会であった。

衛満は漢との交易を独占で手がけ、莫大な財を成した。財を成せば軍事力も高まり、衛

※入貢
周辺国が貢物を捧げることを進貢、皇帝がその貢物を受け取ることを入貢という。

満の孫の代にもなると国力ははるかに増大していた。そして孫の衛右渠《えいうきょ》は、漢帝国への入貢を中断してしまう。なぜわざわざ漢帝国に警戒されるような道を選んだのかは、よくわかっていない。日本の聖徳太子が中国の隋と対等な外交を志向したように、漢帝国との関係を公平なものにしたかったのかもしれない。

貢物をしなかっただけではなく、朝鮮南方の辰国などの諸国と漢帝国との交易に介入し、中継貿易によって利益を稼ぐようになった。

紀元前109年には漢帝国から使者が遣わされ、衛右渠に入貢を促したが、従うことはなかった。この使者が厄介な人物で、手ぶらでは帰れぬとばかりに、衛氏朝鮮の幹部を殺害して朝鮮を脱出してしまう。

怒り心頭の衛右渠は兵を出して使者を殺害するが、漢帝国の武帝※はこれを口実として5万の大軍を朝鮮に攻め込ませた。

漢軍は王倹城に籠った衛右渠を攻撃するも、城は頑丈でなかなか落ちなかった。しかし包囲が続くうちに、城内では交戦派と講和派の対立が始まった。包囲は1年あまりに及び、戦に疲れたのか講和派の参という人物が衛右渠を殺してしまった。これで戦いが終わるかと思いきや、民衆の支持を得た忠臣の成己が引き続き指揮をとる。業を煮やした漢軍は、衛右渠の息子・長をそそのかし、成己を殺害させたのだった。

こうしてついに、紀元前108年、王倹城は落城し衛氏朝鮮は滅亡したのである。

---

※武帝
（前156〜前87）
前漢の第7代皇帝。武帝は対外戦争に積極的で北はオルドス地方、西は西域、東は朝鮮、南はベトナムに侵攻した。その軍事費をまかなうために塩・鉄・酒を専売制とした。

## ●直接統治の時代

　衛氏を滅ぼした漢帝国は、「ノーモア衛満」とばかりに、王険城を中心として楽浪《らくろう》郡、真番《しんばん》郡、臨屯《りんとん》郡、玄菟《げんと》郡の4郡を設置。中央から官吏を派遣し直接統治に乗り出したのだ。

　漢帝国は、秦の強硬支配に対する反省から、辺境は封建制を敷いて諸侯に統治させる方針をとっていたが、彼らが力をつけ「呉楚七国の乱」を引き起こしたり、衛満のような例があったことから直接統治に切り替えたのである。各郡には太守、県令、県長などが派遣され支配されることになった。

　真番郡と臨屯郡は、現地諸民族の抵抗もあって20年ほどで消滅、玄菟郡は後に成立する高句麗という国の攻撃を受けて西方に追いやられてしまったが、楽浪郡だけは前漢、新、後漢、魏、晋と中国の王朝が変遷しても変わらずに支配され続けた。

　後漢の頃には『三国志』にも登場する公孫度※が帯方郡を設置。313年に高句麗の攻撃を契機に楽浪郡と帯方郡は遼東方面に移動し、ようやく朝鮮半島から中国領土が消え去った。この間、なんと400年。

　初めて設置された国家は亡命中国人によるものであり、その国家が倒れた後も4世紀にもわたって占領が続いたのである。これでも韓国受難の歴史は始まったばかりだが、彼らの一度抱いた恨みは決して忘れない「恨」の精神はこうしたなかで育まれたのである。

---

※公孫度（こうそんたく）（?〜204）
董卓の推薦によって遼東太守となる。公孫昭や大豪百余家を滅ぼし、東は高句麗、西は烏丸を討って国外にまで勢威をとどろかせた。

# 3 【日本の影響下にあった地域とは】三国の成立と任那日本府

## ●「任那日本府」とは

話は「衛氏朝鮮」が滅亡した頃にさかのぼる。

実はこの時期、中国による直轄領設置以外にも、衛氏朝鮮を挟むようにして新国家建設の動きがあった。北方では強国・高句麗《こうくり》が誕生し、南方の漢江《かんこう》から南では、辰国《しんこく》という共同体が3つに分かれて「馬韓《ばかん》」「辰韓《しんかん》」「弁韓《べんかん》」を形成した。

衛氏朝鮮を滅ぼした中国の漢帝国はというと「後漢」の時代に入ったが、184年には中国全土で巻き起こった「黄巾の乱」をきっかけとして衰退、『三国志』の時代が始まる。中国の混乱は朝鮮半島の勢力図※にも影響を与えた。

中国の「魏・呉・蜀」の三国はやがて魏一国に淘汰され、その魏もあっさりと西晋に変わるのだが、その西晋で291年「八王の乱」が起き混乱すると、高句麗が中国の直轄領

---

※勢力図
『三国志』（有名な三国志演義ではなく陳寿が記録した正史）によると馬韓は50余国の小国に分かれており、戸数は十余万戸であった。辰韓には12、弁韓にも12の小国があり辰韓と弁韓合わせて4、5万戸であったという。

楽浪郡・帯方郡を駆逐し、一挙に朝鮮半島の北半分を掌中に収めてしまったのだ。

　これに対し、南部の3国が大いに慌てたことは想像に難くない。馬韓では伯済《はくさい》国が中心となって「百済《くだら》」を建国し、都を漢山城に置いて政治組織の整備に入った。辰韓でも斯盧《しろ》国が地域を統一して国号を「新羅《しらぎ》」とし、本拠を慶州に置いた。

　こうして日本の古代史と深く関わることになる高句麗・百済・新羅の3国が誕生した。百済・新羅を除く、弁韓に属する諸国は高句麗と国境が接しておらず警戒心が薄かったのか、統一国家が創られることはなかった。

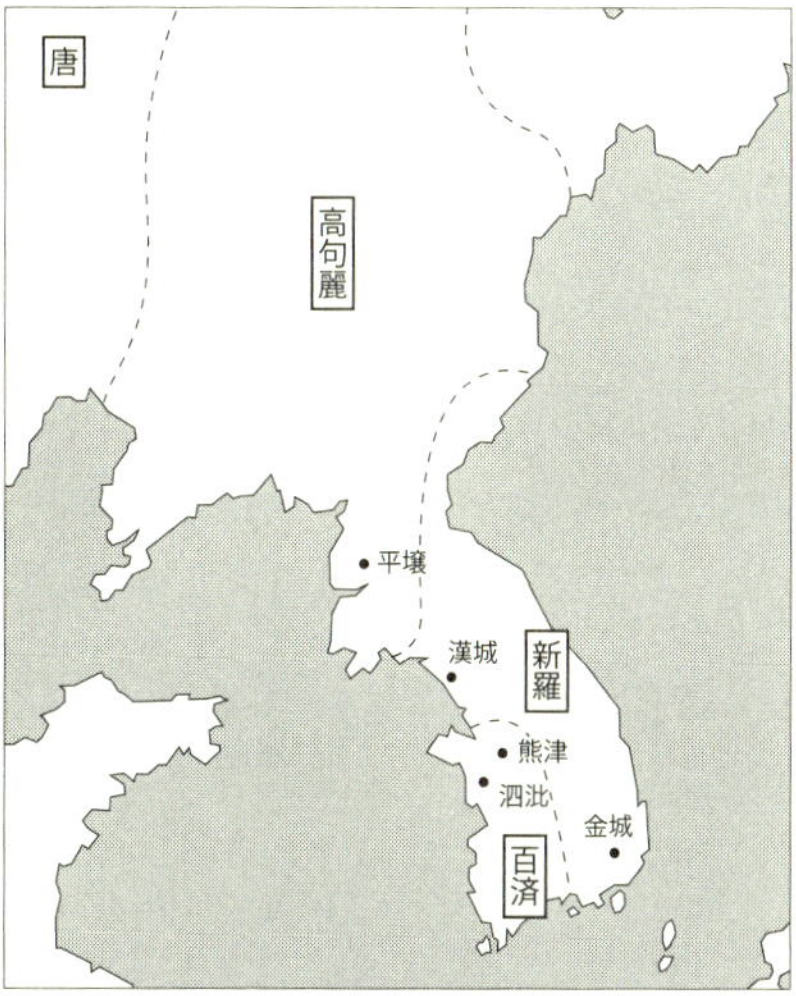

朝鮮半島三国の位置関係

　空白地帯となったこの旧弁韓地域に影響力を行使したのが、海の向こうの我が国、倭国であった。『日本書紀』※によれば、旧弁韓地域の任那《みまな》に「任那日本府」が置かれ、そこは倭国の強い影響下にあったという。

　「古代韓国に日本が影響を及ぼす地域があった」というのは韓国人には受け入れ難いらしく、存在の真偽を巡っては、現在に至るまで論争が続いている。

※『日本書紀』
奈良時代に完成した日本最古の公式の正史。神話の時代から持統天皇までの朝廷に伝わる伝説・記録などが記述してある。全30巻。

「任那」という名称については、4世紀半ばに日本の後押しを受けていたとされる金官国《きんかん》が、旧弁韓地域の伽耶《かや》諸国の指導的地位に就いていたのだが、金官国の別名を任那といったことから、地域全体を任那と呼ぶようになったといわれる。5世紀末になると、現地では任那の語は用いられなくなったが、日本では長い間任那と呼ばれていたようだ。

**●前方後円墳**

当時の日本と韓国の関わりを示すうえで、重要なのが日本の王墓「前方後円墳※」だ。仁徳天皇陵（現在は「伝仁徳天皇陵」と教えられる）に代表される、円形と方形を組み合わせた巨大な墓である。近畿地方が発祥地とされ、南は鹿児島県から、北は岩手県に至るまで日本中に分布している。

実はこの形、日本独自のものだ。多くの文化と同じく、「甕棺墓《かめかんぼ》」や「支石墓《しせきぼ》」といった埋葬方法は朝鮮半島から伝わったが、前方後円墳だけは別だ。

朝鮮半島でも前方後円墳は14基発見されている。だが、その地域は驚くべきことに、すべてが旧任那地域を含む朝鮮半島南部に集中している。この事実からは、「倭国の影響下にあったために、日本風の王墓があった」、もしくは「朝鮮半島南部の文化が、倭国に伝わって花開いた」という2通りの仮説が導ける。

成立時期を調べてみると、朝鮮半島で発見されたものは5世紀頃のもの、対して日本の

※前方後円墳
日本の古墳の形式。俗称として「茶臼山」などとも呼ばれる。

前方後円墳は3世紀頃から造られはじめ、4世紀に全盛期を迎えている。時系列を考えれば※日本から伝わったと見るのが自然である。

ちなみに朝鮮半島の古墳は、新羅では円墳がほとんどで一部に双円墳が混じり、百済で発見された古墳はほとんどが円墳であった。高句麗に至っては円墳が見られず、方墳ばかりが発見されている。

埋葬されている者については、「朝鮮半島の首長」と「倭国の有力者」で未だに議論が続いているが、相当な有力者の証である前方後円墳がつくられる倭人が、半島に渡っていたとすれば、彼らは領地を治める日本人官僚や有力な移住者だった可能性が高い。

程度のほどは別にして、この頃の朝鮮半島に日本が直接的な影響力を行使していたのは間違いないだろう。

※日本から伝わった
他にも、新羅・百済・伽耶の勢力圏内では、日本産のヒスイ製勾玉が大量に出土しているが、朝鮮半島には勾玉に使われるヒスイの産地がない。

# 4 【先進的な文化を持ち込んだ】百済と大和朝廷の関わり

**●百済と日本**

日本と古代朝鮮の関わりを語るうえで、欠かせないのが百済の存在である。半島の強国・高句麗は342年、中国の燕《えん》国に大敗して北上を諦め、南部に目を向け始める。360年代に入ると高句麗の本格的な侵攻を受けた百済は窮地に陥る。そこで目をつけたのが、西日本を統一し、半島への領土的野心を見せていた日本の大和朝廷であった。新羅も百済も、九州地方よりも小さい小国である。高句麗の脅威を退けるためには、あらゆる手段を使わなければならなかった。

364年、百済の近肖古王《きんしょうこ》は、倭国と国交を開くため、倭国と繋がりを持つ金官国と親しい旧弁韓地域の卓淳《たくじゅん》国に使者を送る。仲介を期待したのだ。両国の接近の様子は『日本書紀』で知ることができる。※神功皇后の命で卓淳国に駐在していた斯麻宿禰《しまのすくね》のもとに、

※神功皇后（じんぐうこうごう）
仲哀天皇の皇后。夫と共に九州の熊襲征服に向かい、さらにお腹に子どもがいるまま朝鮮半島に出陣し、諸国を従えたという伝説が残っている。

使者の情報が入る。

卓淳の王が彼に言うには「百済から使者３人がやってきて、百済王が倭国へ使者を派遣したいから倭国への道を教えてほしいと尋ねてきた。知らないので、大きな船に乗ってようやく行くことができることは伝えた。もし、倭国の使者が訪ねてきたら伝えてほしいと言い残して帰って行った」。

現在、百済から贈られた七支刀が保管されている奈良県の石上神宮

さっそく斯麻宿禰は従者を百済に派遣する。近肖古王は感激し、翌年４月には倭国へ使者を派遣し朝貢した。こうして、倭国と百済の軍事同盟関係が始まったと言われる。ちなみに、それを記念して作られたのが有名な「七支刀」※である。

３６９年には、倭国が卓淳国を基地に新羅に侵攻。次いで比自、卓淳、加羅などの7国を平定したという。さらに西に回ると済州島を攻略。

百済の近肖古《きんしょうこ》王と王子の貴須《くゐす》も軍を率いて参陣して批利、中、布、支、半古などを降伏させた。百済王父子と倭国軍は合流して勝利を祝い合ったという。

大和朝廷を後ろ盾にして勢いに乗る百済は、３７１

※七支刀
奈良県天理市の石上神宮が所蔵している鉄剣。全長約75センチ。左右に3本の刃が出ており、中央の先の刃も入れると7本になる。『日本書紀』では「七枝刀」。

年には北上して高句麗の都・平壌を攻め、故国原王《ここくげん》を戦死させたようだが、快進撃はここまでだった。その後、百済と倭国、任那の諸国連合の総力を結集して挑んだ高句麗との決戦において、百済は大惨敗を喫してしまう。

475年には反撃にあって都・漢城が陥落したため、百済は南下して熊津《ゆうしん》へ遷都した。

## ●聖明王と仏教伝来

ところで、百済は軍事面だけではなく、文化の輸出元として日本に大きな貢献をした。倭国を高句麗に対抗できるだけの強国にするため、百済は大陸の先進的な文物を倭国に持ち込んだ。仏教もそのひとつで、552年には百済の聖明王《せいめい》から欽明天皇※に釈迦如来像《しゃかにょらい》、経典、仏具などが献上されたのである。日本人は仏具を重宝して病気の回復、祖先の供養、雨乞いなど現世利益を期待して礼拝したという。

550年、息を吹き返した百済は、新羅と同盟を組んで北進し高句麗を攻撃した。翌年に新羅は天安地方を占領。百済は70年ぶりに漢城を奪回した。ところが、ここで新羅が手のひらを返して、553年に漢城を奪ってしまった。これによって百済は高句麗のみならず新羅も敵に回すことになる。

翌年、百済の窮地に倭国は100艘の援軍を派遣する。聖明王は物だけではなく、僧侶をはじめ、儒教の五経博士、易博士、暦博士、医博士、採薬師などの人材を倭国に提供し

---

※欽明天皇
継体天皇の第4王子。即位は539年という。『日本書紀』によれば在位中に百済の聖明王から仏典や仏像を献上され、初めて朝廷が仏教に触れることになったという。

ていた。有名な蘇我馬子《そがのうまこ》の父・稲目《いなめ》など、すでに仏教に傾倒する臣も多く、百済は大切な同盟国だったのだ。そうして倭国と連合した百済であったが、新羅に敗れてしまい伏兵に襲われた聖明王は戦死してしまった。

**●高句麗と隋・唐の戦い**

高句麗に目を転じると、同国は百済や新羅の他に中国とも国境が接していた。6世紀末には分裂した中国を王朝・隋《ずい》が統一。高句麗と真正面から激突することになった。7世紀に入って大軍で高句麗領に攻め込んだ隋軍だったが、名将・乙支文徳《いつしぶんとく》がこれを殲滅。隋※はやがて国力を疲弊させて滅亡するが、後を承けた唐も内政を整備するとすぐさま高句麗に侵攻した。今度は皇帝・太宗が直接軍を率いての遠征だったが、高句麗は「安市城の戦い」でまたも唐を撃退することに成功した。

中国の大軍を全滅させた名将・乙支文徳

高句麗は、韓族で構成される新羅や百済と違って北方のツングース系の国家ではあるが、韓国の国家がここまで中国王朝と渡り合うのは珍しい。

※隋
中国の王朝。北周の武将楊堅が樹立した。中央集権的な帝国を築いたが、2代目には早くも乱れ、3代で滅亡した。その政治制度は後々まで受け継がれた。また、日本とも国交を結んだ。

**●百済滅亡まで**

さて、王が死んで勢力が削がれた百済だったが、641年に勇猛な義慈《ぎじ》王が即位すると、新羅に対抗せんと仇敵関係だったはずの高句麗と密盟を結ぶ。北からの攻撃を心配することなく新羅の攻撃に向かった結果、旧任那地方の大半を奪うことに成功する。

たまらず新羅は高句麗に助けを求めたが、百済と密命を交わしている高句麗が動くことはなかった。ここまでは義慈王の計算通りだったのだが、追い込まれた新羅は高句麗と対立していた中国の王朝・唐に援助を求めた。敵の敵は味方ということである。

事態を大きく動かしたのは、唐の3代目皇帝・高宗。彼は百済を滅ぼせば、その同盟相手である高句麗も弱体化すると踏んで、660年に約13万人もの兵を海上から派遣。新羅軍と合流し百済領になだれ込んだ。

義慈王も大軍を相手に為す術なく、あっけなく百済王国は滅亡してしまった。

しかしその後、百済の家臣・鬼室福信《きしつふくしん》を中心に百済再興運動が起こる。倭国には人質として滞在していた王子・余豊璋《よほうしょう》が健在だったため彼を王に立ててリベンジを目指したのだ。百済が滅べば、倭国にとっての半島での足がかりが消えてしまうことになる。

当時の日本は「大化の改新※」で中大兄皇子が実権を握っていた。彼の判断によって百済救援の軍を派遣するのだが、倭軍は有名な「白村江の戦い」で唐の水軍に惨敗。百済は完全に滅亡し、新羅と高句麗が残され、日本の朝廷は完全に半島から手を引くことになる。

---

※大化の改新
645年、中大兄皇子と中臣鎌足が中心となり、蘇我氏を倒壊させた一大政治改革。その目的は地方民族の統制強化と、中央政府の内部整備であった。それまで地方豪族私物であった土地は天皇のものとなり、戸籍が作成され、税制が整えられた。

**●朝鮮半島統一**

百済が滅んだことによって、孤立したのは高句麗であった。唐と新羅に挟まれ窮地に陥ったのだ。新羅・唐の連合軍は高句麗を攻撃するが、さすがに中国の王朝と互角に渡り合ってきただけに、そう簡単には降伏しなかった。しかし内部対立が生じてしまい、668年、ついに首都の平壌城が陥落して滅亡した。

さて、こうして新羅だけが残ったわけだが、唐が不穏な動きを見せる。平壌に安東都護《あんとうと》府を、新羅本土に鶏林大都督《けいりんだいととく》府を置いて半島を支配する意欲を見せる。最後の仕上げとして新羅を併呑することで、朝鮮半島を手中にしようとしたのである。

しかし、唐にとって誤算だったのは、百済や高句麗の遺民が新羅に協力したことである。何世紀にもわたって対立を繰り返してきた3国だったが、ついに唐を追い出すために一致協力したのである。

戦争は新羅が仕掛けたことで開始され、唐も20万に及ぶ大軍を投入して本気を見せたが、錦江河口では海戦で、買肖では陸戦で新羅に撃破され、半島からの撤退を余儀なくされた。こうして日本・中国を巻き込んで展開された朝鮮版「三国志」は集結し、676年、新羅が三国を統一※したのであった。

※三国を統一
韓国の歴史教科書では、長期間にわたって高句麗・新羅・百済に国家が分かれ、それぞれが多種多様に国際関係を結んだり、文化を発展させたりしたことが、後々の半島の経済・文化的発展に肯定的影響を与えたと評価している。

# 5 知られざる日本の友好国 渤海

## 【朝鮮半島の王朝？　それとも…】

### ●渤海誕生

韓国の王朝といえば、新羅の次は高麗《こうらい》なのだが、その前にひとつの国を取り上げないわけにはいかない。もっとも、この国を巡っては、中国は中国の、ロシアはロシアの王朝だったと主張している。なぜそんな不思議なことが起こるのだろうか？　謎の国家「渤海」について見てみよう。

高句麗が滅亡すると、唐はその強さを警戒して、高句麗人などの国民を強制的に唐国内に移住させた。異国を服従させた後の強制移住政策は、古今東西で広く行われており、例えば日本でも東北の蝦夷※を服属させた後に、強制移住をさせている。

なかでも遼西《りょうせい》地方には、多くの高句麗人（契丹《きったん》族をはじめとする北方民族）が移住させられていた。その中に粟末靺鞨《ぞくまつまっかつ》族の乞乞仲象《きつきつちゅうしょう》と、その子・大祚栄《だいそえい》がいた。

※蝦夷（えみし）
大和朝廷に対して抵抗した東北の住民に対して用いられた名称。侮蔑的な意味合いがあり、1988年に大物財界人によって「東北は熊襲（熊襲は九州の住民。正しくは蝦夷）の産地」と発言した際には不買運動に発展したほど。

渤海国周辺の勢力図。大唐帝国は強国だったが、北方に強力な異民族が鎮座していた

696年に、待遇に不満を持った契丹族の李尽忠《りじんちゅう》が反乱を起こすと、乞乞仲象らは混乱に乗じて、仲間たちとともに遼西地方を脱出し、靺鞨族の故郷である牡丹江《ぼたんこう》上流域に向かった。

そして、彼らの縁の地・東牟山《とうむさん》を本拠地として自立しようと試みた。当時の唐は、中国史上唯一の女帝・則天武后※の統治下にあって混乱していた時期でもあった。則天武后は自立を許さず兵を送るものの、さすがに高句麗の遺民だけあって手強く、討伐軍は敗れ鎮圧は失敗した。

リーダー・乞乞仲象は戦闘中に病死したが、子どもの大祚栄が698年、勢力を固めて「震国《しんこく》」を自称した。建国当初は唐と激しく対立し、モンゴル系の突厥《とっけつ》と通交していた。

※則天武后（そくてんぶこう）（624～705）
唐の高宗の皇后。姓は武。690年に自ら即位し、「則天大聖皇帝」を自称し、国号を「周」に改めたが国内は大きく混乱して退位、国号は「唐」に戻された。

しかし、唐が敵対政策を中止して懐柔政策に切り替えると、713年に大祚栄も軟化し、渤海郡王として冊封を受けた。そして、これ以降「渤海国」と称するようになったのだ。

## ●唐との対立

大祚栄が死ぬと、嫡子の大武芸《だいぶげい》が地位を継ぎ、彼も唐から渤海郡王に任じられる。大武芸は周囲の靺鞨諸族を勢力圏内に収め、領土拡大を目指したが、北方の黒水靺鞨《こくすいまっかつ》族は強力だったため従属せず、対立していた。

黒水靺鞨は味方を得ようと、首長が唐に入朝する。唐は黒水靺鞨の地を「勃利州《ぼつり》」とし、その首長を刺史※として統治させた。これによって周囲の越喜靺鞨《おきまつかつ》なども入朝し始める。唐はさらに黒水府を置き、長吏を派遣する。一連の唐からの圧力によって、渤海は南北からの挟撃の危機に怯えることになる。

危機感を強めた大武芸は、弟の大門芸に黒水靺鞨を攻めるように命じる。しかし、ここで強気に出れば唐を敵に回すことは必至である。大門芸は兄を止めたが聞き入れられず、逆に暗殺されそうになる。仕方なく唐へ亡命することを決め、怒り狂った兄は唐に大門芸を殺害するように要請するが、唐が応じることはなかった。

止める者がいなくなった大武芸は732年、唐領の山東半島を襲撃して刺史を殺害。また今の河北省にあたる馬都山を攻撃した。大武芸が、強大国・唐に対してここまで強く出

---

※刺史（しし）
中国の地方官僚。漢の時代は地方監察官で、それ以降の王朝では施政官を指す。宋代以後は廃止になった。

られたのは、渤海と唐の間にある契丹族と連携していたからである。

戦に強い契丹が相手だと、唐といえどもそう簡単には手が出せない。

そこで唐は、亡命者の大門芸を新羅に遣わし、兵を出すよう要請した。三国を統一した後に唐を領内から追い出した新羅は、関係修復のために必死で戦ったが、悪天候に阻まれ大損害を出すだけで終わった。

結局大武芸も撤退し、捕虜の送還を条件に和解したのだった。

南北から挟撃され、さらに新羅まで敵に回した渤海は危機感を強め、国際関係の再構築を図る。そこで目をつけたのが、朝鮮半島から手を引いたものの、新羅との因縁が残る日本であった。「敵の敵は味方」の論理で、友好関係を望み、使者を派遣してきたのだった。

## ●渤海と日本の関係

727年9月、高仁義を大使とする渤海使の一行が出羽国（現在の山形県）に漂着した。上陸後、朝廷に従わない、蝦夷とおぼしき住民に襲撃に遭い、大使を含む16人が殺害されるというトラブルに見舞われたものの、生き残った高斉徳《こうせいとく》をはじめとする8人が平城京に赴き、貂《てん》皮300張を献上したという。

時の権力者で皇族の長屋王※は、絹・麻・綿などを礼物として与えたという。

翌年、渤海使の一行は、引田虫麻呂《ひけたのむしまろ》を大使とする日本の遣渤海使とともに帰国した。両

※長屋王（ながやおう）（684～729）天武天皇の孫で高市皇子の子。藤原氏を凌ぐ権勢を誇ったが、讒言によって自害に追い込まれた。その旧邸宅跡は当時の生活を知るうえで非常に貴重な場所だったが、現在はイトーヨーカドーになっている。

国の結びつきは軍事同盟にまで発展していたらしく、第一回の使節が帰国した8ヶ月後に、日本は300隻の船団で新羅を襲撃したらしい。

渤海が唐との関係を修復すると、軍事面での同盟は影を潜め、経済・文化の交流に重点が置かれるようになった。両国間では、渤海が日本に朝貢する形がとられていたので、貢物に対して日本側は数倍の回賜品を返さなければならず、日本の財政を圧迫した。

渤海からの貢物は虎、熊、貂などの毛皮や人参、蜂蜜などであり、日本からは、金、水銀、漆器などが返礼品として送られた。あまりにも頻繁に日本にやってくるので、途中から「12年に一度」という制限を設けたが守られなかったという。

遣唐使ばかりが教科書では取り上げられるが、こうしてみると渤海との交流は遣唐使以上である。数字で見ると、遣隋使は6回、遣唐使※は20回、遣渤海使は13回。一方、先方からの隋使が1回、唐使が8回なのに対し、渤海使は35回も来航しているのだ。

そして、来航するたびに新羅や唐の情報を与えてくれたという。日本の歴史上、朝鮮半島の国家としては百済の次に友好関係を築いた国であるといえる。

## ●渤海滅亡

渤海の運命が急転したのは、907年、皮肉にも仇敵の唐が滅亡してからであった。

統一王朝が不在となった大陸は「五代十国」時代に突入し、周辺民族も台頭して大混乱

---

※遣唐使
国際情勢や大陸の文化を学ぶために、十数回にわたって日本から唐に派遣された公式の使節。数百人が数隻の船に分乗し数年がかりで往復した。菅原道真によって廃止された。

に陥った。なかでも契丹族は916年に「遼」を建国して勢いに乗り、渤海を脅かした。渤海は遼と和議を結ぼうとするものの受け入れられず、924年には先制攻撃を仕掛けて遼の遼州を襲撃、刺史を殺害したが、遼王の耶律阿保機《やりつあぼき》は報復のため渤海に侵攻した。都を包囲されると、あっさりと降伏し、ここに渤海は滅亡した。926年、契丹はここに東丹国を設置し支配。このとき、渤海の歴史書はすべて焼失してしまった。

## ●渤海はどこの国の歴史？

冒頭の問いに戻ろう。一体、渤海はどこの国の歴史として語られるべき国家なのだろうか？　地図上では、渤海の領土は現在の北朝鮮・中国・ロシアの領土にまたがっている。

渤海は高句麗の遺民に起源があるので、当然、韓国と北朝鮮は「渤海は朝鮮半島の王朝だ」と教育※しているが、中国とロシアにも言い分はある。中国は「渤海国で民族的に多数を占めていた契丹族は中国の少数民族であり、高句麗同様、中国皇帝から冊封を受けた地方政権だ」としている。ロシアの主張としては「靺鞨族は極東の先住民族だと定義できるから、渤海はシベリア諸民族史に加わるべきだ」としている。こうした議論の錯綜を、遼の侵攻によって渤海に歴史書が存在しないことが助長しているわけだ。

しかし、どこの国の歴史に属そうと、日本にとっては特筆すべき同盟国だったことは疑いがない。もっと知られて良い国だと筆者は考えるのだが、いかがだろうか。

---

※教育している
韓国の歴史教科書では、高句麗を受け継いだ国だと記載されているが、新羅や高麗に比べると記述はとても少ない。

第二章

# 統一王朝 高麗と外敵の襲来

# 6 【特権階級「両班」が誕生】統一王朝 高麗の建国

## ●高麗の誕生

本章では、ようやく誕生する朝鮮半島を統一した王朝「高麗《こうらい》」の歩みを見ていきたい。

その歴史は遼※、女真《じょしん》、モンゴル、倭寇《わこう》、紅巾賊《こうきんぞく》などからの壮絶な侵略の歴史である。当時は中国に倣って異民族を見下す意識があり、高麗も彼らに戦いを挑んでいくのだが、常にコテンパンにされて降伏する。これの繰り返しである。

当時の日本が遼や女真、モンゴルなどとまともに戦ったら、間違いなく国家存続の危機を迎えたことだろう。この章を読むことで、読者は地政学の重要性を再認識するはずだ。

さて、中国の唐の退潮は新羅の衰退に直結し、各地で反乱が相次ぐ。没落して都落ちした貴族が、地方で力を付け軍事力を持った豪族となっていた。政治・軍事・経済面で中央から独立した勢力であり、彼らが幅をきかせることで新羅は50年に及ぶ内乱状態に陥る。

※遼（916〜1125）東モンゴルで遊牧していた契丹族を耶律阿保機が統合し建てた王朝。遊牧民には部族制、農耕民には州県制と二重統治体制をとっていた。

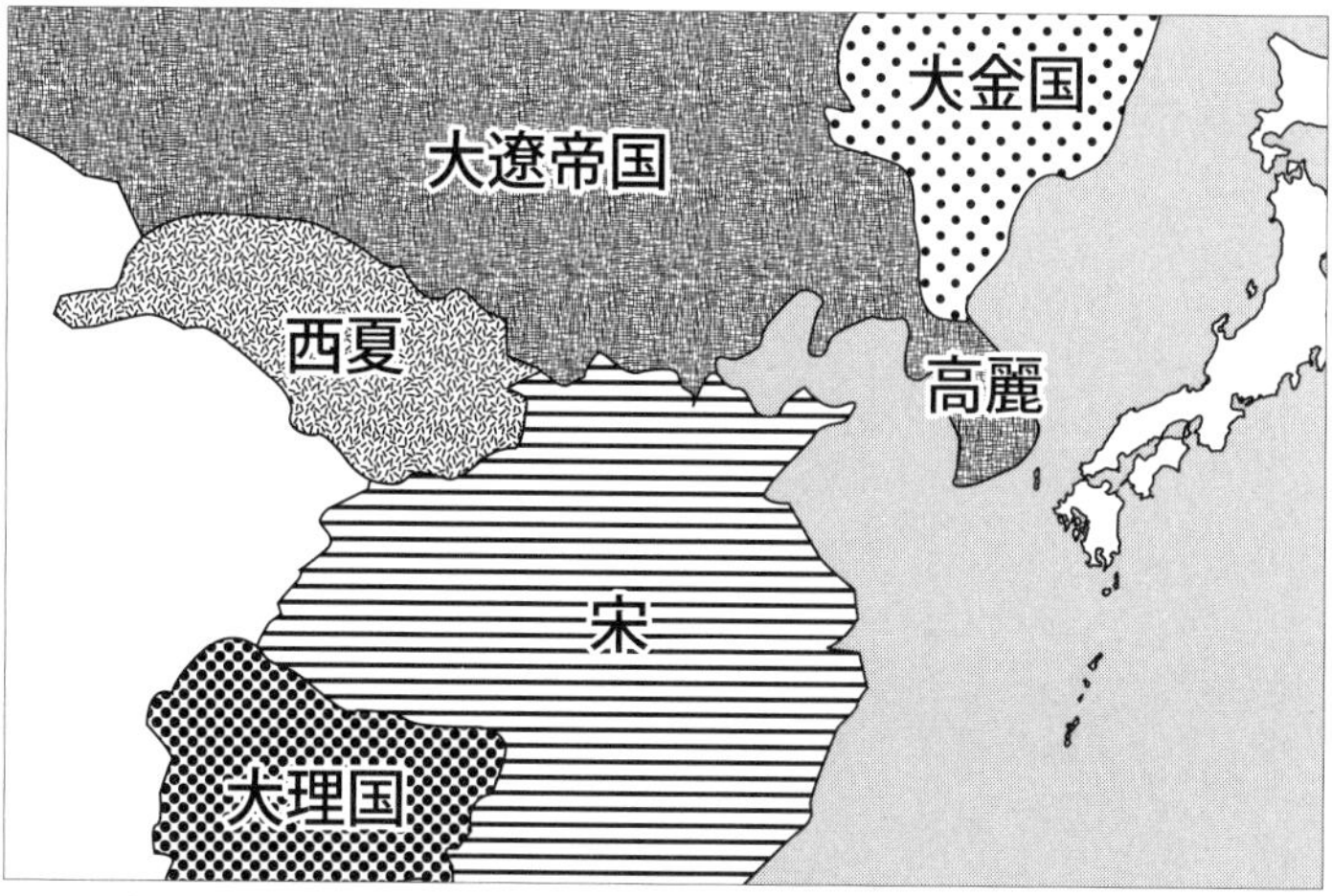


高麗を巡る勢力図。中国の宋は周りを異民族に囲まれ決して安泰ではなかった

日本でも朝廷の内乱が続いて源氏と平氏が台頭したように、朝鮮半島でも「後高句麗」の弓裔《きゅうえい》と、「後百済」の甄萱《けんけん》が台頭する。９１８年には海賊出身の豪族・王建《おうけん》が弓裔を追い落とし国名を「高麗」へと変更する。「高句麗」の真ん中の「句」を除いたのだ。

この王建、『高麗史』によれば「白頭山を越えてきた古の高句麗族であった」とされているが、いつものお約束でその素性は中国人なのか朝鮮人なのか判然としない。

現在の韓国の領土でいえば、白頭山の向こう側はもう満州である。中国の研究者の間では朝鮮半島に移住した漢人の末裔との見方もある。９３５年には新羅の敬順《けいじゅん》王が君臣で高麗に投降し、翌年には後百済も滅亡したため、高麗による朝鮮半島統一王朝が建国されたことになる。

## ●中国大陸の情勢

一方の大陸はというと、大混乱の「五代十国」※の時代を経て宋が中国を統一していた。当然、高麗は宋の冊封関係に入ることになる。そして唐のときと同様に宋の制度を取り入れている。中央官庁の機能を政治・軍事・財政に三分するシステムや科挙制度もこのときに実施している。

しかし宋に唐のような軍事力はなく、宋もまた遼や西夏、金などから圧迫され、貢物を毎年届けることで平和を保っていた。

## ●1000年の呪い

高麗の創始者・王建は、後百済が滅亡するきっかけになったのは、王の甄萱《けんけん》の子、神剣《しんけん》が王位を奪取した事件が発端だとみて、遺訓「訓要十条」を遺した。注目すべきは、その八条。

「車嶺《しゃれい》山脈以南と錦江《きんこう》の南、すなわち忠清南道《ちゅうせいなんどう》の一部と全羅道《ぜんらどう》一帯（いずれも後百済があった地域）は、山の形や地勢、人も道理に逆らっており、謀叛を起こすから気を許してはならない。ゆえに良民といえども官職に登用してはならない」

王建としては、高麗王朝の安泰を願い王族の騒乱を防ぐための戒めだったのだが、後百済の旧領、つまり現在の全羅道北道と全羅南道は〝反逆の土地柄〟という、いわれなき汚

※五代十国
唐滅亡後から979年に宋の太宗（2代目）が北漢を滅ぼし中国全土を統一するまでの50年間を五代十国時代という。華北で五王朝が交代したことを五代、地方で十の国が興亡したことを十国という。

名を着せられることになってしまった。

この遺訓が高麗王朝だけにとどまれば笑い話で済んだのだが、高麗王朝の次の「李氏《りし》朝鮮」でも受け継がれ、なんと現代社会の人材採用にも影響を及ぼしているという。10世紀もの時が流れても、差別が続いているのである。

現在の朴槿恵大統領※は、日本を指して「加害者と被害者という立場は、1000年の歴史が流れても変わることはない」と言い切ったが、奇しくも自国ではその言葉どおりの状況があるということだ。

まだ半信半疑の読者のために、ひとつのデータを挙げよう。第二次世界大戦後、韓国では李承晩《りしょうばん》から朴槿恵まで11人の大統領が就任しているが、全羅道出身の大統領は金大中※ひとりだけである。

## 科挙と両班

さらに高麗は、958年から宋で実施されている官僚登用試験「科挙《かきょ》」を取り入れた。科目別のテストで優秀な人材を選ぶものであり、新羅が地方豪族の反乱で滅んだ反省から、彼らの人的リソースを中央政府へ吸い上げるのが狙いである。

科挙によって登用された文官を「両班《りょうはん》」と呼んだ。武官は科挙では選ばれず、戦争の功績による登用のみであったが、そのせいか常に文官の下に見られた。大将軍でさえ、文官

---

※朴槿恵（パククネ）（1952〜）
第18代韓国大統領。第5〜9代大統領朴正熙の娘で韓国初の女性大統領。日本と距離を置き中国に接近する外交政策をとっている。各国に日本の慰安婦問題などを言って歩くことから「告口外交」ともいわれている。

※金大中（キムデジュン）（1925〜2009）
韓国の第15代大統領。全羅南道生まれで韓国唯一の全羅道出身の大統領。在任中、日本との間で日本文化開放、漁業協定締結、ビザ免除協定の締結などを行う。

近代、優雅に囲碁を打つ両班たち

の下で差別的な待遇を受けていたのだ。武官たちが不満を持たないはずもなく、大きな禍根としてくすぶることになる。

高麗の社会構造は王族、両班（上級官吏）、中人（技術系の中小官吏）、常民、賤民に分かれていた。実質的に両班が社会の頂点に立っているのだが、この身分は世襲できたため、時代と共に数が増えていく。おかしなことに、次代の李氏朝鮮末期には、国民の50％以上が両班だったようだ。

両班身分であっても、政争で負ければ賤民に落とされることはあったようだ。両班は特権階級として労役と兵役が免除され、なんと納税も免除されていた。労働は賤しいものとされ、身の回りのことも一切せず召使※がしていたのだ。

中国に倣って優秀な人材を確保しようとして誕生した両班が、これから朝鮮半島を堕落させていくといっても過言ではない。

## ●高麗と日本

朝鮮半島の情勢に積極的に関与した時代とは違って、日本は高麗王朝とは距離を置いて

---

※召使がしていた
イギリス人旅行家のイザベラ・バードも、両班が何も持たずにぜいたくをしていることを酷評している。

いた。国交もなく、高麗は建国直後の927年と女真族が力をつけた1079年に国交樹立の申し出をしたのだが、日本から断っている。

高麗が日本に対して対等の関係を望んだため拒否されたのだ。

国交はなくとも、私貿易は盛んに行われていた。日本は木材、水牛、扇子、日本刀、弓、鎧、香炉、水銀、硫黄、硯箱などを輸出。宋に輸出していたものとほとんど変わらない。

高麗からは高麗青磁、穀物、高麗人参、書物などがもたらされた。日本発祥の扇子は高麗でコピーされ、宋へ売られていく。日本に輸出された高麗青磁は本場の宋の青磁※を手本としたものだったが、なかなかの質で現在でも高い評価を得ている。

焼物のレベルは当時から高く、後に豊臣秀吉が朝鮮出兵で攻め入った際、多くの焼物技術者が連行されたことからもわかる。

その他にも、互いに漂流民がいれば保護し帰国を支援するなどの関係にあった。しかし国際情勢は両国を否応なく戦いの渦へと引き込んでいくのである。

※青磁
薄青い磁器を青磁という。青磁は白磁と並び南シナ海、インド洋、アラビア海、地中海などに輸出されていた。日本では鎌倉時代に輸入され珍重された。

# 7 【遊牧民国家が迫る】大陸の脅威 遼の侵入

**●遊牧民国家とは**

遊牧民国家は強い。

世界史を見るにつけ思い知らされる事実である。今日のヨーロッパ世界を形作ったのは、370年頃に起きたゲルマン民族の大移動※だが、これを引き起こしたのは匈奴《きょうど》出身とされるフン族の大侵攻だ。彼らが国家的な軍事作戦を起こすと世界地図を変えるほどの威力があり、日本に住んでいると実感が湧かないが、大陸では中国も朝鮮半島も長年苦しめられてきたのだ。

中国の歴代王朝は匈奴《きょうど》、突厥《とっけつ》、柔然《じゅうぜん》、元《げん》といった遊牧民国家への恐怖のあまり、万里の長城を築いたわけだが、それでも数えきれないほどの侵入を許し、何度も打ち負かされて征服されている。

※ゲルマン民族の大移動　ゲルマン人は先住のケルト人を圧迫しながら散発的な移動をくり返していたが、4世紀後半、西進してきたフン族に押されると本格的な移動を開始した。フランク王国や西ゴート王国などがゲルマン人によって建国された。

彼らは、そのイメージ通り小集団で生活しているが、いったんカリスマ性を持った指導者が現れるとひとつにまとまり、圧倒的な軍事力を持つ国家へ変貌する傾向がある。遊牧民族は農耕民族とは違い、幼い頃から乗馬に親しんでいる。

生活形態そのものが軍事訓練となり、ほとんどの者が騎馬と騎射に優れた精鋭騎馬兵となっていったのだ。アッバース朝※などのイスラム諸国では、遊牧民出身の奴隷が重宝され、「マムルーク騎士」として親衛隊を構成するほどであった。

遊牧民の強大国といえば、どうしても元（モンゴル帝国）が有名だが、契丹族が建国した「遼」も遊牧民を代表する国家である。その遼は中国だけではなく、朝鮮半島にも大きな影響を及ぼすことになる。

前述した通り、中国の宋は貢物を送ることによって遼との和平の道を選んだわけだが、建国間もない高麗は、どういった対応をしたのだろうか？

遊牧民族の兵士が逃げる敵を追撃するところを描いた絵画

## ●遼という国

まず、遼という国の実態を押さえておこう。

---

※アッバース朝
ムハンマドの叔父の家系であるアッバース家がウマイヤ朝を倒して開く。アラブ人の特権を廃止しムスリムの平等を達成したため、イスラム帝国ともよばれる。

ときは10世紀、遼河上流のシラ・ムレン河流域に住んでいた契丹族（モンゴル系とツングース系の混血）の耶律阿保機《やりつあぼき》が部族を統一し、907年「契丹可汗《きったんかがん》」となる。916年には唐滅亡後の混乱を機に「遼」を建国※し、阿保機は皇帝となった。

遼はモンゴル高原のモンゴル族や渤海を滅ぼし、モンゴル高原から満州に至るまでの巨大帝国を作り上げたのだ。遼は中国の王朝「後晋」の建国を助ける見返りに、燕雲16州を受け取る。後晋もまた遊牧民族の突厥（モンゴル系）出身者が興した国家である。

やがて中国は「五代十国」の時代に突入し混乱するが、宋が960年に建国されて20年ほどでようやく安定を見る。宋は以前に後晋が遼に割譲した16州を取り戻そうと、北伐軍を差し向けた。16州の中心・幽囚を包囲するもなかなか落ちず、そうこうしているうちに遼本国からの救援が到着。宋軍は力の差を見せつけられ、散り散りになってしまった。宋は懲りずに7年後に再び軍事行動を起こすが、またも惨敗に終わった。

2度の大敗によって宋軍の士気は地に落ち、1004年に遼と「澶淵《せんえん》の盟」を結ぶことを余儀なくされる。毎年、宋が遼に蚕《かいこ》（絹の原料として）20万匹、銀10万両を届けるという屈辱的なもので、こうして宋は実質的に遼の傘下に入ったのである。

驚くべきことに、この貢物は100年以上にわたって続く。世界史上、類例のない長さで遼は貢物を続ける限り、律儀にも一度として攻め入らなかった。このように遊牧民国家は〝約束〟を重んじる傾向にある。

※建国
国号については当初は「契丹」、947年に「遼」に、983年に再び「契丹」、1066年に再び「遼」に戻しているが本書では「遼」で統一する。

## ●高麗の情勢

遼は942年10月、高麗と交易しようと使臣を遣わし、駱駝《らくだ》50頭を贈った。ところが高麗の6代目の王・太祖は交易を拒み、使臣を島流しにした挙句、駱駝50頭を餓死させてしまった。

高麗の異民族への差別意識※が生んだ対応であった。遼に滅ぼされた渤海から移民を多く受け入れたこともあって強気な態度をとったのだろうが、いかんせん力の差があり過ぎた。まさに自殺行為だったが、運良く遼で王位継承争いが起こり事なきを得た。

遼は王位継承争いが収まると高麗より先に宋に狙いを定め、前述したように叩き潰して朝貢させた。いよいよ高麗への侵入は秒読みとなり、993年にその時を迎える。あっという間に領土の一部を占領すると、降伏を迫る使者を送ってきた。血気盛んなイメージが強いが、遊牧民国家はできるだけ戦いを避け、人命を尊重しながら指導者間で問題を片付けることが多い。

占領地で遼の将軍・蕭遜寧《かそんねい》と、高麗将の徐熙《じょき》との間で和平交渉が行われた。結果、「遼への朝貢」「高麗で遼の年号を使用する」「宋と断交する」との条件を呑まされ、遼が軍を引くことになった。

高麗の朝貢が決まると、遼から女真族が多く住む江東6州が下賜された。ところが、この土地が新たな戦いの火種になってしまうのだった。

---

※異民族への差別意識
朝鮮は自ら小中華を自称し「朝鮮は中国王朝とともに世界の中心をなし、周辺諸国を服属させている」として周辺民族の女真や日本を差別していた。

**●高麗と遼の戦い**

遼の要求どおりに宋と断交した高麗であったが、これは形式上のことで実は裏で宋とも繋がる〝二面外交〟を続けてきた。陸地からは遼の領地を通らなければ宋へ行けないので、海路を利用したのだ。遼は、もちろんこの動きを察知していた。約束を破った以上、遠慮する理由はない。虎視眈々と進出の機会を窺っていた。

このような時期に高麗7代王の母千秋太后《せんしゅうたいごう》と臣下の金致陽《きんちよう》が不倫関係となり国政を牛耳ろうとする事件が起こった。西北面都巡検使という役職に就いていた武将・康兆《こうちょう》が兵5000を率いて上洛し、この動きを制圧したが、この混乱を遼が見逃すはずがなかった。

なんと皇帝・聖宗※自らが40万もの大軍を引き連れて高麗に侵入してきた。高麗に抵抗する力はなく、あっさりと都の開城へ進まれる。クーデターを起こした康兆も斬殺され、国が制圧されてしまった。

遼軍は翌年、高麗皇帝顕宗の聖宗への拝謁を条件に撤退していった。

**●計略で遼を撃破**

遼は撤退したものの、高麗王・顕宗は約束を反故にし聖宗に拝謁することはなかった。遊牧民族国家は約束を守る代わりに、破られることを極度に嫌う。二度にわたる〝約束破り〟で遼の再侵攻は避けられない見通しとなった。

---

※聖宗
（972〜1031）
遼第6代皇帝（在位982〜1031）。12歳で即位。宋との間で争いに勝利し「澶淵の盟」を結ぶ。在任中、女真、西夏、高麗を服属させた。

高麗はさらに宋に使臣を派遣し、遼との対決姿勢を明らかにした。しかし完全に遼に屈服した宋からの援軍など望めるはずもない。

遼は二度にわたって高麗に進出し、1018年には10万の大軍で本格侵攻を試みた。顕宗は36歳で科挙に合格した姜邯賛※という武将を指揮官とし、これを迎撃させた。遼軍の将は短期決戦を目指したが姜邯賛はこれを見破り、的確に伏兵を用いて各地で敵を苦しめた。遼軍は開城付近まで進軍したところで兵糧不足に陥った。宋が戦場であれば食料は豊富にあるが、慢性的な食糧不足の朝鮮半島が戦場だと現地での食料調達は難しかった。

そこで撤退を決めるのだが、戦場において最も厄介なのが敵に背を向けて戦う撤退戦である。すでに遼軍は高麗の領内深くまで入り込んでいた。戦の潮目の変化を見て取った姜邯賛は全軍に追撃を命じ、包囲戦ののちに遼軍のほとんどを討ち果たしたのだった。

この戦いは画期的な勝利として韓国に記憶され、様々な本になっているが、それらが描くのはここまでで、その後の顛末には触れていない。

一度は敗れた遼だが、東アジア最大の強大国がこれで終わるはずがない。

再び侵攻の準備を進めていたが、高麗からの使者が訪れ、再び臣下の誓いと朝貢を行なうことを申し出てきた。奇襲は二度と通用しないと高麗もわかっていたのである。

こうして抵抗の歴史は幕を閉じ、遼の傘下としての平和が訪れたのだ。

---

※姜邯賛（きょうかんさん）（948〜1031）983年、科挙に合格し顕宗代の始めに宰相になる。71歳のとき上元帥となり契丹軍を迎え撃った。

# 8 遼の滅亡と女真族の侵攻

【一難去ってまた一難】

●属国関係の終焉

遼と高麗の属国関係は約100年も続いたが、ついに終わる時がやってきた。

といっても、高麗が自力で遼を打ち破ったわけではない。そもそも朝鮮半島の歴史上、自力で属国関係を終わらせたことなど、一度としてないのである。遼が滅んだのは、独立した北方民族・女真族からの攻撃である。

やっと宗主国がいなくなった高麗だったが、次に待ち受けていたのは女真族であった。

女真族は中国東北部を中心に分布するツングース系※の、遊牧や農業、狩猟を営む民族である。女真は当て字であり、民族名は「ジュルチン」。粛慎《しゅくしん》または靺鞨《まつかつ》とも呼ばれていた。

高句麗や百済、渤海などもツングース系が建てた国家だと言われている。

『金史』によると、「北魏の勿吉《もっきつ》、隋における靺鞨が女真のもと。靺鞨から黒水靺鞨と

※ツングース系
主に中国の一部から、ロシア領シベリアにかけてのアジア東北部に住み、ツングース諸語を母語とする民族の総称。歴史上にあらわれたこの民族の数はかなり多く、女真族や高句麗などもツングース系であるとみなされている。ツングースの語源は「東胡」が変化したもの、あるいは「豚を飼う人」の意、などの説があるが決定的なものは未だ存在しない。

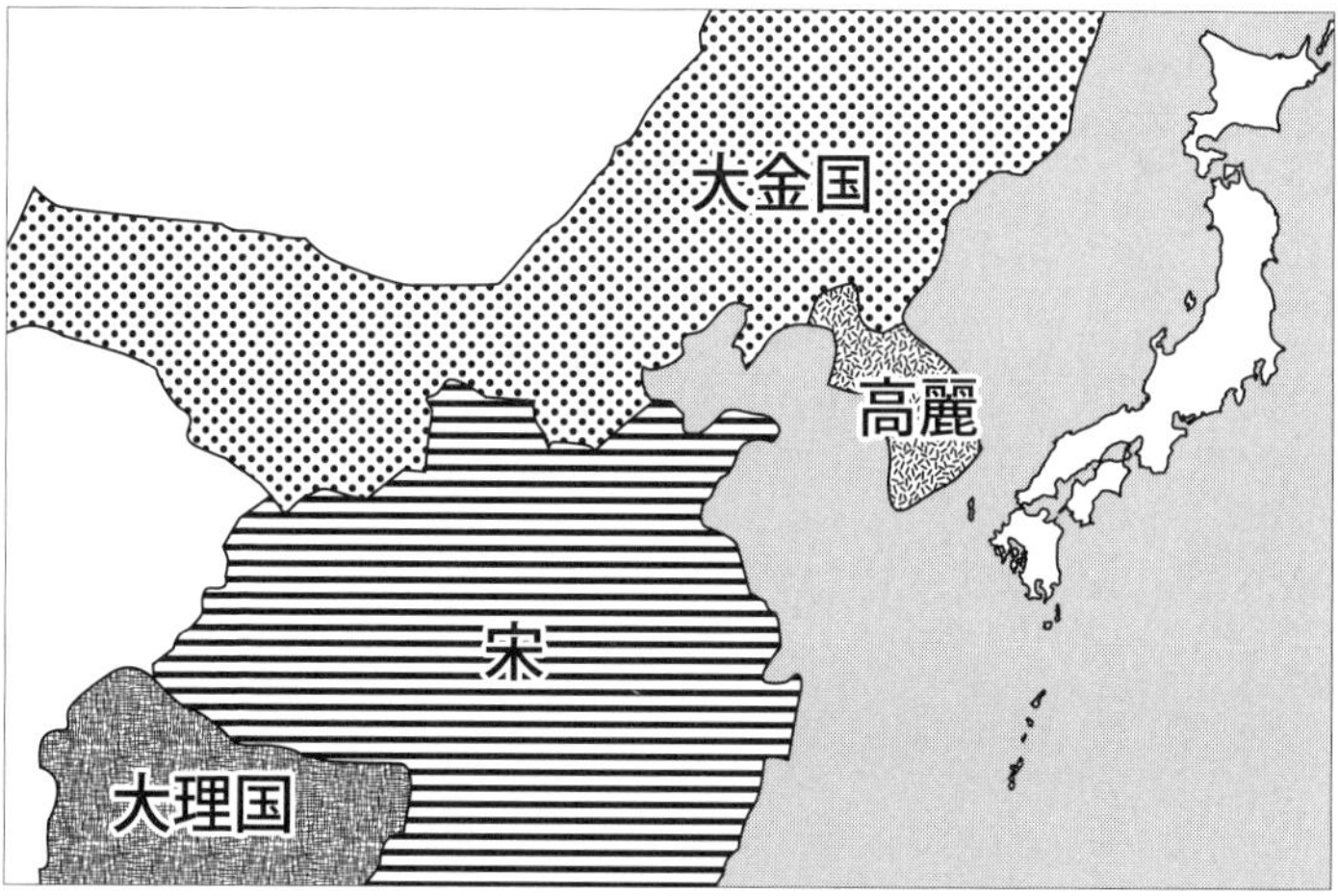

にわかに勢力を拡大した女真族の金。遊牧民国家は侵略も早い

粟末《ぞくまつ》靺鞨にわかれ、後者が渤海国を創り、前者はそれに服属した。渤海国が滅ぶと黒水靺鞨たちは契丹（遼）に臣属し、その南半で戸籍に附されたものを熟女真、北半の未登録の者を生女真と区別し、後者が完顔部（首長の家系）となった」とある。

ともかく、12世紀のはじめには、北満州の松花江《しょうかこう》の流域に、「生女真」に属する完顔部という家の勢力が現れ、やがて強大な部族に成長して領土を拡大し、朝鮮半島北部にまで進出してきたのである。

**●刀伊の入寇**

女真族は、モンゴル族などとは違って遊牧一辺倒ではなく漁も行ったから、造船技術を持っていた。だから後の「元寇」のとき、※フビライ・ハーンからの命令で日本に

※フビライ・ハーン（1215～1294）チンギス・ハンの孫。兄モンケ死後、帝位継承戦争に勝利し第5代大ハンとなった。草原の軍事力、中華の経済力、ムスリムの商業力を組み合わせた巨大国家を建設しようとした。

侵攻する船を造らされたのは、高麗と女真と南宋の人たちであった。

この頃の女真族はたびたび東アジアで海賊行為を働いており、1011年8月には東女真と思われる賊が100隻あまりで朝鮮半島を襲撃し、慶州に乱入して略奪をした。その後は鬱陵島《うつりょうとう》を襲撃して島民を皆殺しにし、無人島にしてしまった。女真族の暴威は日本にも及び、1019年には、日本の対馬、壱岐、九州北部を襲撃。ここでも女真族の強さを見せつけ、半月にわたる抗争で日本人1650人を拉致し、牛馬380頭を殺したが、たまたま大宰府に赴任していた武闘派貴族・藤原隆家※が駆けつけて撃退に成功している。これを「刀伊入寇」と呼ぶ。この戦いが日本史上初めての、本土での対外戦争である。この時点で外国の侵攻に次ぐ侵攻に苦しめられてきた朝鮮半島の歴史と比べると、あまりにも恵まれていると言わざるを得ない。

さて、日本側は賊3名を捕えたが、彼らはいずれも高麗人であり「自分たちは刀伊（女真）の捕虜である」と述べた。これが真実かどうかはさておき、高麗は日本を襲撃した女真族を沿岸5ヶ所で待ち受けており、迎撃して日本人たちを救出したとされる。

### ●女真、金を建国

当時、東アジア最強を誇っていた大国・遼に目を転ずると、毎年の宋からの多額の歳賜（絹と銀）が届いたため、遊牧民たちはぜいたくな暮らしに慣れ、次第に貴族化していっ

---

※藤原隆家
（979～1044）
摂政、関白を務めた藤原道隆の次男。兄伊周とともに叔父道長との政争に敗れる。1014年太宰権師となって大宰府に赴任。赴任中の1019年に起こった刀伊の入寇を撃退した。

た。建国当時の強さはどこへやら、である。

遼は前述した「生女真」に対し、鷹や金を貢ぐことを強要して圧政を敷いていたため、彼らの間で不満が高まっていた。それをまとめたのが完顔部という家の阿骨打《あこつだ》である。しかし、衰えたとはいえ、遼は強大国。反乱を起こしてもすぐに鎮圧されるから、彼はまず女真族を統一し「大女真金国」を樹立、初代皇帝に就任した。1115年の出来事である。民族一丸となって遼に対抗せんとする女真に対し、遼は当時の皇帝・天祚《てんそ》自らが70万人の兵を率いて出陣し、松花江の河畔に布陣したが阿骨打に粉砕される。この敗戦をきっかけに、遼の威信は地に堕ちていくことになる。

金の強さの秘密は、「猛安」・「謀克」※という社会組織制度にあったとされる。300戸を1謀克、10謀克を1猛安という単位にして、軍事・行政の施策の基準にしたのだ。

遼を圧倒し、和議を進めていた金に、意外にも宋から同盟の話が舞い込む。宋は遼に奪われていた燕雲16州を取り戻すため、金の軍事力に目をつけたのだ。遼に贈られていた歳賜を金国に渡すことを条件に、金は宋と同盟を結んだ。

## ●女真、宋を攻略

金が次々と遼の要地を攻略するのに対し、調子に乗った宋も燕京《えんきょう》に軍を派遣したが、遼に勝つことができず連敗し、金側に助けを乞うた。すると、金はいとも簡単に燕京を落と

---

※猛安・謀克
（もうあん・ぼうこく）
部族組織を基礎にした軍事・行政制度。部族制ともいう。金は女真人（遊牧民）には固有の部族制を、漢人（農耕民）に対しては州県制を行うなど二重統治体制をとっていた。

してみせた。貴族化した遼、平和を謳歌していた宋に対し、金は圧倒的優位に立っていたのである。結局、金は燕雲16州のうち6州は宋に譲った。ところが、宋は金と交わした約束を破り歳賜を贈らなかった。遊牧民族国家の嫌いな〝約束破り〟である。

しかも宋は、今度は遼の残党と組んで金を討とうとするなどして裏切りを働いた。ついに堪忍袋の緒が切れた金は宋の首都・開封《かいほう》を攻めた。この期に及んでも、宋では中国を世界の中心だと考える中華思想に基づく主戦論が主流だった。金と戦うことになったものの、長い間遼と平和共存してきた宋に力は残っていなかった。

わずか40日で首都は陥落し、上皇の徽宗《きそう》、皇帝の欽宗《きんそう》をはじめ、皇族や官僚約３０００人が北に連行され宋は滅亡した。

しかし、皇族でただ一人生き残った趙構《ちょうこう》が応天府で高宗として即位し「南宋」を建国。高宗が信頼を寄せたのが名将・岳飛※だ。伝説の武将・関羽にも匹敵するとされ、金の軍を相手に何度も勝利を収めていた。南宋の中ではこの岳飛と、和平派の秦檜《しんかい》が対立していたが、彼は実は金の内通者であった。岳飛は哀れにも処刑されてしまう。実権を握った秦檜は和平条約「紹興の和議」を結ぶ。淮河《わいが》を国境とすること、南宋は金に銀25万両、絹25万匹を贈ること……。ここまでは遼と大差ないが、決定的だったのは金が主君、南宋が臣下となったことである。宋は建国以来、初めて異民族の臣下になったのである。

---

※岳飛
（１１０３〜１１４２）字は鵬挙。南宋を攻撃する金に対し何度も勝利を収めたが、宰相秦檜に謀殺された。後年、岳飛は救国の英雄として岳王廟が建立された。

### ●女真の高麗侵攻

ここで時を遡り、女真族と高麗の関係を見てみよう。海賊化した一部の女真族による散発的な攻撃はあったものの、彼らにとって関心はあくまで遼であり、宋であった。そのため高麗への大規模な侵入は後回しにされた。

ところで、高麗が遼の傘下に入ることによって与えられた江東6州に住んでいたのは、女真族であった。今や植民地どころか爆弾を抱えているような状態になったのである。

松花江流域で生女真の完顔部が勢力を拡大すると、国境付近で武力衝突が起こるようになる。そこで、高麗は女真族の居住地域に9つの城を築き対抗しようとした。しかし飢餓や疫病が相次いだため、彼らの反乱を招いてしまい、1109年にはこの地域を放棄し撤退することになった。

1125年になって金が遼を滅ぼすと、高麗に対して強硬に君臣の関係を結ぶよう迫ってきた。皇帝・仁宗※は臣下に議論させたが、交戦派が多く困惑する。戦ったところで、国中が焼野原になるのは目に見えている。

仕方なく、実権を握っていた李資謙《りしけん》と拓俊京《たくしゅんけい》が反対派を押し切って君臣関係を結ぶことを決定。臣下の礼をとるようになった。南宋と同じ道を選び、戦わずして平和を手に入れたのだった。だが、この平和も世界史上稀に見る大帝国・モンゴルが台頭するまでの、約100年間だけであった。

※仁宗（1109〜1146）第17代高麗王。1145年に金富軾に『三国史記』の執筆に取りかかるように命じたが、完成を待たずして逝去。

# 9 【世界を飲み込む蒙古の嵐】無敵の軍団 モンゴル帝国の進撃

### ●モンゴル帝国による高麗征服

遼の次は金の属国に成り下がってしまった高麗であったが、金から過酷な収奪を受けたわけではない。というのも、金は中国の華北地方の農民を支配下に置き、慣れない農耕民族の統治に苦労していた。高麗に目をやる暇がなく、その意味では平和で安定していた時期だったが、未曾有の巨大帝国・元の誕生でそれも瓦解することになる。

元は最初から巨大だったわけではなく、きっかけは1206年、「クリルタイ」というモンゴル系・トルコ系の部族長が集まる会議でチンギス・ハン※が「大ハン」の称号を得てから。その後、西夏、ナイマン族、ウイグル族、契丹族を次々と支配下に置く。

当然、東アジアの覇権をかけて金と激突することになるのだが、当時の金ではクーデターが続発し混乱していたことや、数多くの契丹族の裏切りもあって、1215年にはモ

※チンギス・ハン（1162〜1227）もともとの名はテムジン。1206年、クリルタイでハンに選ばれてチンギス・ハンと称した。西遼、ホラズム朝を滅ぼすと、内陸アジアの騎馬遊牧民のほとんどが、彼のもとに集まるようになったという。

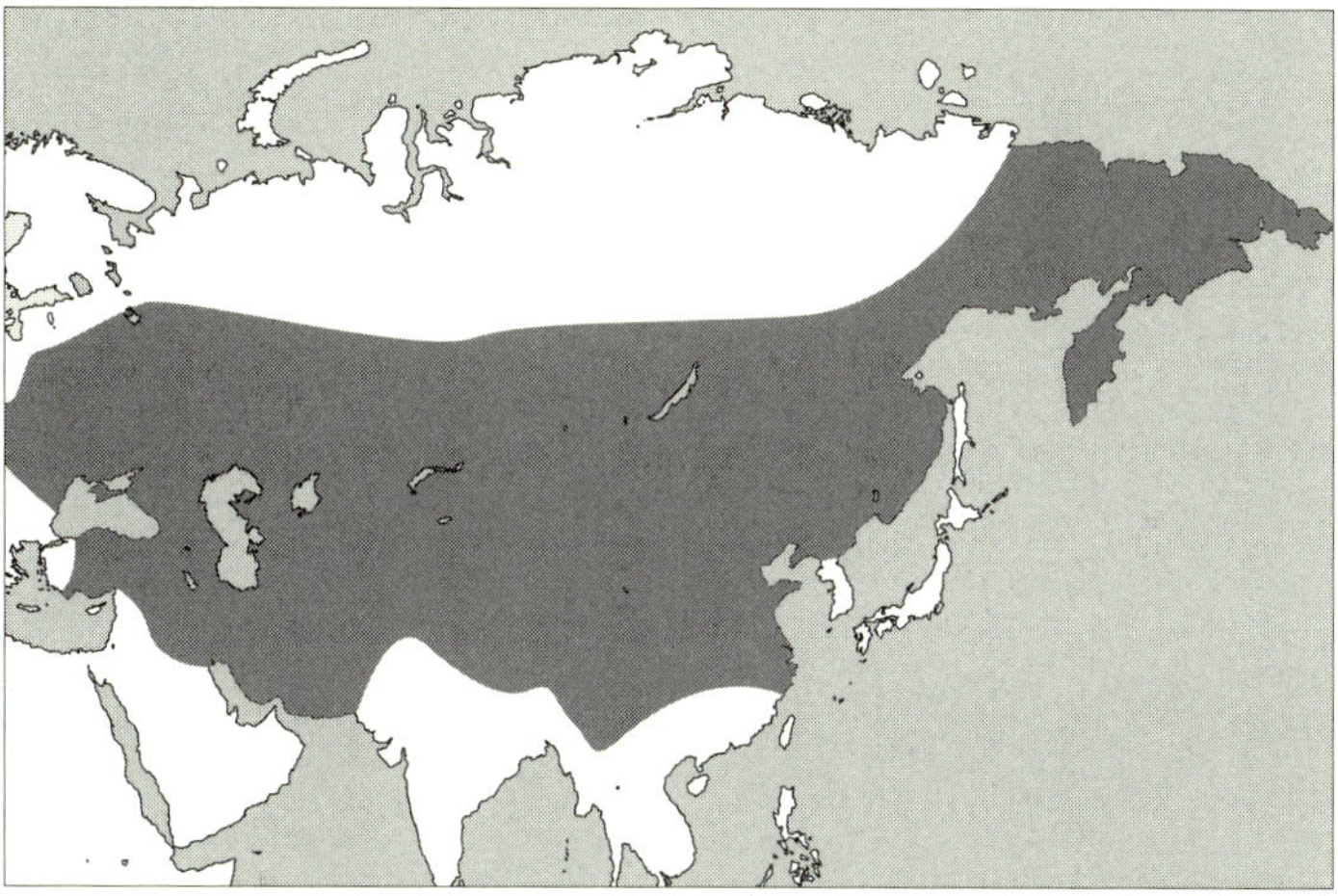

モンゴル帝国のおおまかな最大版図。アジアのみならずヨーロッパをも制覇する勢いだった

ンゴルが大都市・中都を攻略。金の全土の攻略はならなかったが、東アジアの盟主はこれで交代したことになる。

やがてチンギス・ハンの死後、「大ハン」となった三男のオゴタイ※は、全軍をあげて金を討滅することを決定。帝国伝統の、右翼軍・左翼軍・中央軍で軍を構成する三軍方式で金に迫る。新たな都・開封《かいほう》を包囲されると、金の哀宗《あいそう》と側近は逃げ出して再挙を図る。

しかし、南宋がうまく立ち回り、モンゴルと協定を結んで金を挟撃。１２３４年、南宋国境付近の蔡州《さいしゅう》で金は滅亡した。

### ●オゴタイによる侵入

こうして高麗は、またも〝棚ぼた〟で独立を回復し、金の年号の使用も止めた。

※オゴタイ（１１８６～１２４１）
チンギス・ハンの三男で帝国の二代目ハン。ハンになると、モンゴル高原からハンガイ山脈山麓のカラコルム地方に移り、都とした。また、金を滅ぼし華北地方を支配下に組みこんだ。

しかし、独立を回復したとはいえ、モンゴルとは国境を接しているから、つかの間の休息に過ぎない。今度は、モンゴルから過大な貢物要求が続くが、実力が劣る高麗は受け入れるしかなかった。

翌年、事件が起こる。モンゴルの使者が高麗からの貢物を受け取って帰る途中、鴨緑江《おうりょくこう》のほとりで賊に殺され、積み荷を奪われたのだ。面子を潰されたモンゴルは国交を断絶。すぐに攻めてくるかと思いきや、ヨーロッパに目を向けており、攻略は後回しにされた。

しかしオゴタイがハンに即位した2年後の1231年、使者殺害の罪を問う名目で高麗に侵入。首都・開城はあっという間に占領されたが、高麗は降伏することなく、しぶとく江華島に都を移して抵抗する道を選んだ。

モンゴルは無抵抗で降伏した者は許したが、抵抗したり反乱を起こしたりすれば容赦ない報復として大虐殺が行われた。しかし江華島は攻め落とせないでいた。それは間に速い潮流が流れていたからである。モンゴルは遊牧民らしく海戦が苦手で、無理して渡海はせず本土各地を荒らしまくり、国力を低下させることに専念したのだった。

朝鮮半島は、まさにモンゴル軍の餌食となってしまったのである。

## ●ムンケによる国土蹂躙

1251年には4代目のハンとしてムンケ※が就任。彼はオゴタイ同様、徹底的に高麗を

※ムンケ・ハン（1208～1259）チンギス・ハンの孫で帝国の四代目ハン。フビライに命じて大理国を滅ぼす。フラグを西方に派遣してアッバース朝を滅ぼす。自らは南宋を攻めるが攻略できなかった。

荒らしまわった。結果、捕虜となった者は20万８０００人、死者は数え切れないほどであったと記録されている。モンゴル軍が通った後は草木一本残らなかったとまで言われている。

半島への侵入者は数多いが、なぜ今回、高麗はこれほどまでに激しく抵抗したのだろう。その大きな理由のひとつに、当時の高麗が朝鮮半島の歴史では珍しい「武臣政権」、つまり武官が権力を握っていた政権だったということが挙げられる。

武臣政権は日本では珍しくない。日本では源頼朝が鎌倉幕府を創設して以来、支配者が代わっただけで北条家、足利家、徳川家らの武臣が８００年にわたり日本を統治してきた。しかし、朝鮮半島の武臣政権は、このあたりの約１００年だけなのだ。前述したように武官は文官に常に見下されており、その不満が爆発した武官たちが１１７０年と１１７３年にクーデターを起こし、文官を倒して政権を握っていたのである。

もうひとつの理由に、その武臣政権の強力な直属軍「三別抄《さんべつしょう》」がある。彼らはもともと武臣政権の崔氏を支える私兵だったが、その忠誠心は篤く、勇猛だったので彼らが中心となってモンゴル軍に徹底的に抵抗したのである。

しかし、国力差は歴然としており、国民は疲弊し国土は荒廃していく。国王や文官たちは降伏を望むようになる。武臣政権で実権を握っていたのは、「三別抄」を抱える崔氏。

彼は仏に祈願してモンゴルの侵攻を防ごうと、仏教経典『高麗大蔵経』※の版木製作を命

※高麗大蔵経
漢訳による仏教経典を修正した叢書。１２５１年に完成した8万余の版木は海印寺に国宝として保存されている。

じた。もちろん神頼みが通用するような相手ではなかったのだが、意外にもこの大蔵経は、後年に日本との貿易で利益をもたらすことになる。

## ●三別抄の抵抗

1258年には、高麗で金俊《きんしゅん》という家臣が三別抄を取り込み、クーデターで崔氏政権を打倒する。しかし、これを好機と見た国王元宗※は三別抄をそそのかして金俊を暗殺してしまう。三別抄を中心とする政情の混乱がみてとれる。

モンゴルで5代目ハンのフビライが即位すると、ようやく講和が成立。条件は高麗が開城に都を戻すこと。天然の要害・江華島にいる限り抵抗勢力とみなすというのだ。国王と文官たちは受け入れる姿勢だったが、武官たちは反対した。国王は味方に引き入れていた三別抄を使って、武官のリーダー林惟茂《りんゆいぼう》を暗殺。荒っぽい手を使って混乱を収め、モンゴル帝国の支配下に入った。

国内に敵がいなくなると、国王にとって三別抄は邪魔者でしかなくなる。彼らは解散を命じられたが、さんざんモンゴル軍と戦い、幾多の暗殺に関与しておいて今後も無事でいられるはずがない。彼らは一族もろとも珍島《ちんとう》に渡り、ここを根拠地として抵抗したのだ。

国王は金方慶《きんほうけい》を追討使に命じ、三別抄の殲滅を図る。

モンゴルにとっては自国内の反乱という認識だから、国王に援軍を差し出した。三別抄

※高麗王元宗（1219〜1274）
皇太子であった時期に高麗王朝がモンゴル帝国に服属してしまったため、一時は人質となっていたが、後に帰国して即位。親モンゴル政策を推し進めたことで国内の反乱を招いたり、日本遠征においては戦争費用の負担を強いられるなど、モンゴル帝国に強い影響をうけた生涯であった。

は当初、その援軍を打ち破り気勢を上げたが、数では敵わず次第に劣勢に追い込まれていく。四面楚歌の三別抄が最後に頼ったのは、なんと日本の鎌倉幕府。「高麗の次は日本なのだから、最後まで抵抗する我々に協力すべき」という理屈だが、無視されてしまった。

最後の頼みの綱も断たれた三別抄に対し、高麗・モンゴル連合軍は１２７２年に攻撃を仕掛け、珍島を攻略。しぶとい三別抄は済州島《さいしゅうとう》に逃げ込み、最後の抵抗を試みた。

彼らにとっては最後の戦いでも、モンゴル帝国にとっては、この先に実施されるであろう日本への遠征の格好の〝予行演習〟であった。現に、「文永の役」※で総指揮官となったヒンドゥが派遣されている。高麗には兵６０００人、水夫３０００人の調達を命じ、軍船１６０隻、兵1万人で済州島を攻撃した。

力の差は歴然としており、三別抄の首領・金通精は70人あまりの部下とともに山へ逃げ込んだが、やがて追い込まれ自害し、部下もひとり残らず処刑された。こうして国内の反乱勢力を鎮圧した高麗は、モンゴル帝国の手先となって日本に侵攻することになる。

三別抄が、約4年にわたって善戦したことは、次なる標的の日本にとって幸いであった。援軍の申し出に応じていたら、さらに抵抗が長引いたことは間違いない。

もしかすると、彼らの申し出は、日韓の歴史上、両国人が協力して外敵にあたる最後の機会だったのかもしれない。

---

※文永の役
１２７４年、元・高麗連合軍３万余は、対馬、壱岐を襲い博多に上陸した。集団戦法や火薬を用いた「てつはう」に苦戦。菊池武房の活躍で挽回する。元船は撤退途中で暴風雨に遭い大半が難破した。

## ●フビライの植民地化

高麗の国土を蹂躙して国民を疲弊させたモンゴル帝国だったが、次なる敵・日本への侵攻には高麗の協力が不可欠であった。そのためフビライは穏健的な支配にシフトする。

とはいえ、遼や金のように貢物を届ければ安泰というような生易しいものではなく、征東行省※という官庁を設置されて直接統治を受けたのだった。

征東行省は政治と軍事を統括する常設機関である。つまり、前漢・後漢のときと同じように植民地支配※を受けたのだ。政治的にも、王子は幼少時代はモンゴル帝国の宮廷で人質として過ごさなければならず、妃もモンゴルから迎えなければならなかった。そして、その間に生まれた子が王位を継承した。高麗に王の決定権はなく、すべては征東行省が握っていた。現に、モンゴル人の行政官によって3代の高麗王が退位させられている。王族の名や服装、髪型などもすべてモンゴル風に改められた。軍事的には諸軍万戸府を設置して高麗の軍権を掌握。徴兵や動員、武器の製造も自由にできなくなった。さらに経済的には多くの貢物を強要され、受けた打撃を回復する余裕はなかった。なかでも良家出身で美人な女性を献上しなければならない「貢女」が悩みの種だったようだ。

「貢女」を防ごうと、良家では低年齢での結婚が相次ぐようになる。

仕方なく政府は国中の結婚を禁止してかき集めたようである。こんな調子だから国庫は慢性的に空っぽであった。

---

※征東行省
元が高麗に1287年に設置した機関で、正しくは征東等処行中書省。地方統制機関としての性格をもつ常時の機構であった。

※植民地支配
支配はモンゴル帝国から派遣されてきた「ダルガチ」というモンゴル人官僚によって行われた。

# 10 高麗とモンゴル連合軍の侵攻

## 【文永の役と弘安の役】

### ●日本に牙を剥く

フビライは、高麗に日本との交渉窓口になることを命じる。1268年、高麗の使者がモンゴルからの国書と高麗王・元宗の書簡を持って九州の太宰府にやってくる。

高麗王の書簡は「モンゴル帝国は日本からの朝貢を期待しているわけではない。返事をすれば必ず厚く遇するだろう」と穏やかなものだった。

一方の、モンゴルからの国書は、フビライが自らを中国の皇帝になぞらえ、親睦を深めることを勧めている。しかし、天皇を皇帝の下に置き返書を要求する内容や「兵を用いるに至らむ。それ誰が好むところぞ」※という文言が不穏だとして黙殺することを決めた。

確かに元宗の言うとおり、モンゴル帝国はどうしても日本が必要だったわけではなく、国書の内容も近隣諸国に出したものに比べれば穏やかな内容であった。使者はもう一度訪

※兵を用いるに至らむ。それ誰が好むところぞ　「戦争を誰が望みましょう」ということ。

れたが、時の権力者で執権の北条時宗は、服属した高麗の有り様を見て警戒したのか返書を出すことはなかった。

　このような動きの水面下で、高麗は戦艦１０００隻の建造を命じられており、時宗も讃岐国（現在の香川県）の御家人に「モンゴル人どもが日本を狙っているらしい。用心せよ」と通達を出している。両国ともに、この時点で戦争の可能性を視野に入れていたことが分かる。

　１２７１年には、最後の使者が到着。今度は高麗人ではなく女真族の趙良弼※であった。彼は１００人余りで大宰府に押しかけ、国書を朝廷に持参したいと願い出た。約1年にわたり粘ったものの、対面はできず、やむを得ず国書の写しを置いて帰っていった。

国書の内容はといえば、「たびたび書状を出したのにもかかわらず返事がまったくない。このうえは11月を期限とし、これを破ったら兵を出す」という最後通牒にも等しいものであった。

　決戦はすぐそこまで迫っていた。

## ●文永の役

　モンゴル帝国と高麗の連合軍は、１２７４年、高麗の合浦《がっぽ》を出発して日本遠征を開始。その兵力は史料によってまちまちだが、モンゴル軍2万人に対し高麗兵６０００人を加

※趙良弼
（ちょうりょうひつ）
（１２１７～１２８６）
モンゴルの政治家で、フビライが即位する以前からの古参。国書を持参すると同時に日本の国情を調査しており、この帰国後、日本遠征がいかに無益で困難かということを力説した。しかし結局受け入れられることはなく、開戦に至る。

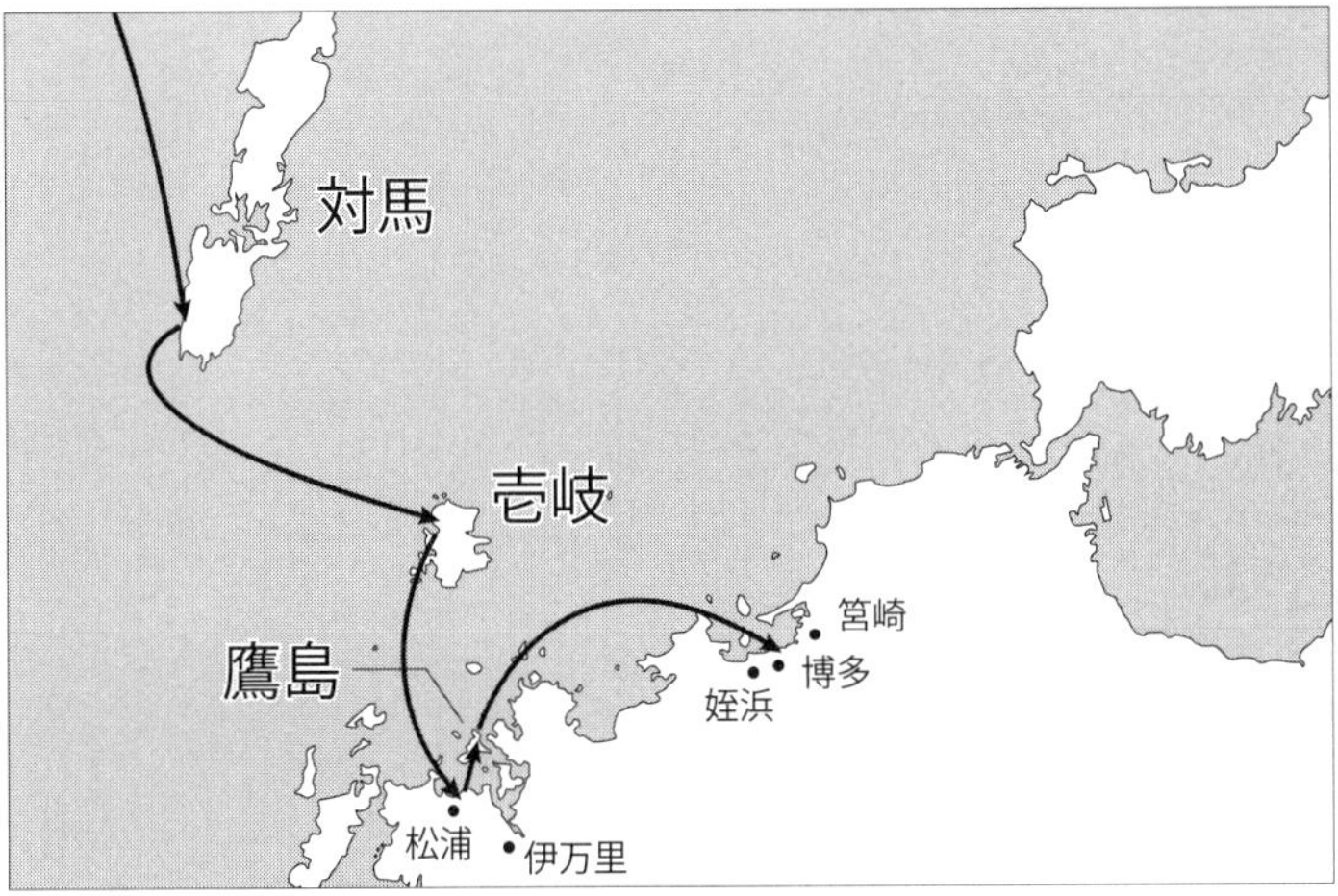

モンゴル軍の進撃進路。本格的な戦闘になったのは博多湾に侵入してからであった

えた総勢2万6000人あまりの兵が、大型船300隻、小型高速船300隻、輸送船300隻に乗って向かったようだ。それらは、対馬、壱岐、松浦を経由し博多湾に出現。

連合軍は翌日には総攻撃を開始した。対する日本軍は本陣を筥崎《はこざき》八幡宮に置いた。総大将は鎮西西方奉行の少弐景資※。その一族に加え菊池氏、大友氏、白石氏など有力御家人に召集がかかっていた。彼らは博多平野で高麗元連合軍を迎撃。

日本軍は苦戦を強いられた。銅鑼や太鼓、「てつはう」という手榴弾などの音に馬が驚き、御家人が頼みとする騎馬が封じられたためである。

しかし、200騎余を率いて敵陣に突入し数多くの敵を倒した菊池武房の活躍や、

※小弐景資（しょうにかげすけ）（1246～1285）鎌倉幕府の御家人であり、九州御家人を率いる総指揮官として元軍の迎撃にあたった。卓抜した弓の名手であったといわれる。二度の元寇の両方に参戦したが、実戦に参加しなかったにもかかわらず家長として優遇された兄との確執が深まることとなった。のちに挙兵して兄と戦うも敗北、討ち取られている。

総大将の少弐景資が連合軍の副将・劉復亭《りゅうふくこう》を狙撃するなど善戦した場面もあった。

しかし消耗が激しく、一時的に後方の水城まで撤退することを余儀なくされる。一方の連合軍は緒戦を優位に進めていたものの、劉復亭の負傷や物資の消耗から、総大将ヒンドゥが撤退を決意。

ところが、撤退の途中、猛烈な暴風雨が博多湾を襲い多くの船が難破してしまう。およそ3割にあたる1万3500人が溺死したといわれる。このとき、高麗人は助けられ他の民族は斬られたという。指揮官たちの船は無事で合浦に到着した。

## ●対馬での地獄絵図

こうした軍の動きだけを見れば、高麗軍はモンゴル帝国に付き合わされていただけのように見える。現に未だに「高麗もモンゴル帝国の被害者だ」と主張する韓国人も多い。しかし、博多にやってくる途上で上陸した対馬や壱岐では一緒になって日本の民間人を虐殺している。男は殺すか生け捕りにし、女は手に開けた穴に紐を通して数珠つなぎにし、船の側面にぶら下げた。日本軍に対する見せしめと、矢よけのためであろう。

高麗軍がこうした行為を眉をひそめて傍観していたわけではなく、高麗側の史料には「日本で生け捕りにした子どもの男女200人を国王と妃に献上した」と記述されている。どう見ても高麗は犠牲者ではなく、日本侵略の片棒※を担いでいる。

※片棒を担いでいる
現に韓国の歴史教科書にも「元・高麗連合軍」と記述されている。

## ●忠烈王の献策

日本攻略に失敗したモンゴル帝国だが、実は同時期に南宋の征服も進めていた。遼、金、元と度重なる異民族からの侵略をしのいできた宋も、高麗がモンゴル帝国の海軍強化に協力したこともあり1273年に滅亡し、152年の歴史に終止符が打たれた。

宿願を果たしたモンゴル帝国だったが、ここで新たな懸念が生じた。無条件降伏したことで大量に残った南宋兵の後始末である。養えばコスト※がかかるし、在野に放てば反乱分子になることは目に見えていた。

そんな折り、タイミング良く高麗の王にして、フビライの義理の息子（彼はフビライの娘・斉国大長公主を妃に迎えていた）忠烈王がフビライを訪ねてきた。

『高麗史日本伝』によると、忠烈王は「日本はただの野蛮な島でありながら、交通の難しいのを良いことに元朝に来貢せず、あえて皇帝の軍隊に抵抗しています。わたしが思いますに元朝の徳に報いることはありません。この際、船を造り食料を貯め、罪を強調して討伐しようと思います」と、主張したという。再侵攻の進言である。

忠烈王の進言がどれほどの効果があったかは定かではないが、フビライは大量の南宋兵を日本に向かわせることを思いついた。遠征軍が勝利して日本を占領し、南宋兵が入植すればコストをかけずに帝国の面子を保てる。海の藻屑になったとしても、国力になんの影響もない。

※コスト
中国古代の春秋戦国時代、秦国の武将・白起（はくき）は、紀元前260年の長平の戦いで40万人あまりの捕虜を得たが、食糧費が賄えずほとんどを生き埋めにしたことがある。このように人口が多い国の戦争では捕虜の扱いは懸案事項だ。

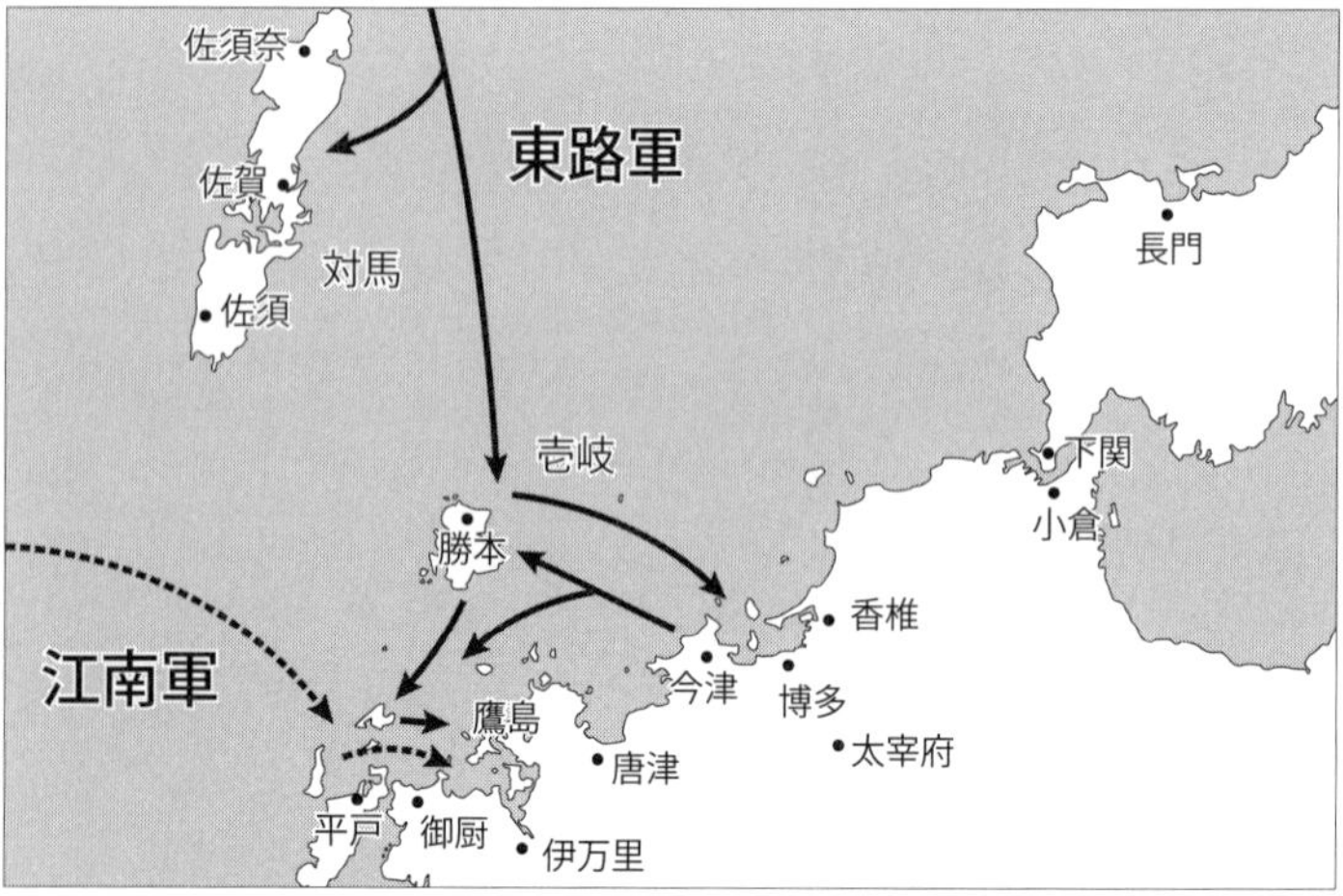

モンゴル軍の進路。東路軍が橋頭堡を築き、後発の江南軍が上陸する作戦だ

## ●弘安の役

1281年、フビライの命を受け、遠征軍は朝鮮半島を出発する「東路軍」と、旧南宋を出発する「江南軍」に分かれ、日本攻略に出発した。

東路軍は総勢4万人、900隻の船団であった。総大将は文永の役の雪辱に燃えるモンゴル人元帥ヒンドゥー。一方、江南軍は総勢10万人、3500隻の大船団であり、総大将はモンゴル人アラハン。

両軍合わせると14万人、4400隻と世界史上稀に見る大軍勢であった。

両軍は壱岐で合流するはずだったが、江南軍のアラハンが病気にかかり進軍が遅れ、東路軍は待ちぼうけを食わされた。

日本軍が手をこまねいて見ている※はずもなく、「文永の役」で対馬・壱岐の縄張り

※見ているはずもなく　伊予国（現在の愛媛県）の水軍を束ねる河野通有は、無謀にも小舟2艘を仕立ててモンゴル艦船に突撃した。たちまち郎党が倒され、自身も手傷を負うもなお舟を引かず、敵船に乗り移ると太刀を抜いて幾人ものモンゴル兵を斬り倒し、敵将とおぼしき者を捕まえて帰還したという。

を荒らされ、家族を惨殺された海賊・松浦党が中心となって、夜襲・奇襲を繰り返した。おまけに季節は夏で、船内は蒸し風呂のような環境となり食料は腐敗。伝染病も発生して死者は3000人にのぼった。なんとか合流を果たし、攻撃態勢に入ろうとするも、博多湾沿岸一帯には、幕府が再侵攻に備えて築いた広大な石塁※を張り巡らされていた。

攻めあぐねているところに、九州地方に大暴風が襲来。

哀れ、14万人の大船団のほとんどが海の藻屑となってしまった。溺死をまぬがれ必死に陸に這い上がった兵たちにとっては、ここからが本当の地獄だった。御家人たちから容赦なく斬りつけられ、捕虜とされた。史料によっては2~3万人が降伏したといわれている。

捕虜は博多へ連行され、東路軍はことごとく殺された。江南軍の捕虜の命は助けられたが売り飛ばされたりした。南宋とは日宋貿易で交流があったが、東路軍は対馬や壱岐での残虐行為が祟ったと思われる。今回は高麗人も容赦なく斬られた。

ここまでの大敗北はフビライにとっても想定外であり、水軍勢力を消失してしまったモンゴル帝国は、日本海付近の制海権を失った。

この空白地帯で台頭したのが、日本の海賊集団「倭寇」であった。彼らは縄張りで蛮行を働いた高麗を敵視しており、高麗にとっては悪夢のような時代がこれから到来するのである。

---

※石塁
広大な防塁も江戸時代に福岡城を築城する際にほとんどが失われてしまった。残ったものは福岡市内で史跡となっている。

# 11 【高麗滅亡のきっかけ】悪名高き海賊 倭寇の登場

## ●朝鮮半島を荒らしまわる

日本の史料に「倭寇」の名前が登場するのは、藤原定家※の日記『明月記《めいげつき》』。「松浦党という鎮西の凶党などが数十艘の兵船で、かの国の別島に行って合戦し、民家を焼き資材を掠めとった」と記載されている。

松浦党といえば、「元寇」において最前線で戦った水軍である。「文永の役」では当主の一族がモンゴル帝国と高麗の連合軍に皆殺しにされており、自然に考えればこの略奪は意趣返しのようにみえる。藤原経光《ふじわらのつねみつ》の「民経記《みんけいき》」にも「肥後と壱岐などが高麗国と合戦におよび、日本人が高麗の内裏に参入した」と記されている。

高麗時代の数少ない文献でもっとも信頼度が高い『高麗史』によると、「1350年4月104隻の倭船が順天府を襲って南原・求礼などの漕船を略奪した」と記述。漕船とは

---

※藤原定家
（ふじわらのさだいえ）
（1162~1241）
鎌倉前期の歌人。後鳥羽上皇の命で『新古今和歌集』の撰者の中心となる。主著は歌論「近代秀歌」「詠歌大概」、日記「明月記」など。

租税として納めた官米を輸送する船である。

「5月、66隻の倭船がまた順天府を襲った」「6月、20隻の倭船が合浦の営舎を焼いた」などの記載もある。官舎が襲われたのは租税として運び込まれた米が備蓄してあるからである。これを見てわかるのは、当時の海賊たちの狙いは物資であって人ではないこと。

しかし、次に紹介する出来事が倭寇を狂暴化させ、物資だけではなく人にも被害が及ぶようになっていく。

『倭寇図巻』に見ることができる倭寇の姿

**●倭寇狂暴化のきっかけ**

『高麗史』によると、日本人の藤経光という者が一党を率いてやってきて、上陸しない代わりに食料を求めてきたという。これに対し、全羅道元帥の金先致は食料を与えて酒の席※を設け、謀殺してしまおうと考えた。

ところが計画は事前に漏れており、経光は一党とともに海上に逃れ事なきを得た。逃げ切れなかった倭寇3人は殺害された。

この姑息なやり口が倭寇たちの逆鱗に触れたようで、この一件を境に襲撃のたびに婦女や幼児までも皆殺しに

※酒の席を設け
敵を謀殺する時の常套手段である。日本でもアイヌ人の指導者をこの罠にはめて暗殺したり、戦国武将同士の暗闘にも使われた。

するようになったという。命を助けたとしても連行し、奴隷として売り飛ばすようになった。多いときには一度に1000人を超える捕虜が連行されたという。

## ●倭寇の巨大化

件の事件と同時期、倭寇は凶暴化するだけではなく、多様化・大規模化していく。船400隻、兵数3000人という軍隊並みの倭寇も登場するようになった。こうなるとただの海賊行為ではなく、外国海軍による侵略である。高麗政府には侵攻を止める力がなく、経済的打撃を受けて軍政も崩壊し、地方行政機関も機能を失ってしまった。

それがまた倭寇の侵略を呼ぶという悪循環をもたらし、全羅・楊広の沿岸の地は蕭然として空虚になってしまったという。高麗は全羅道沿岸地方の倉庫を、すべて内陸部に移動させざるを得なくなった。

ところで、倭寇は「前期倭寇」と「後期倭寇」に分けられる。ここまで紹介したのが前期倭寇で、ほとんどが日本人で構成されていた。元寇による恨みから海賊行為に身を転じた者も少なからずいたはずだ。

しかし、後期倭寇は、後述する中国の王朝「明《みん》」の洪武帝※による海禁政策が原因で、行き場を失った貿易商人たちが転身したものだ。もはや日本人は少なくなっていたが、密貿易に従事していたポルトガル人やイスパニア人まで倭寇と呼ばれていたからややこしい。

---

※洪武帝
（1328〜1398）
中国・明王朝における初代皇帝。貧しい農家の生まれだったが、紅巾軍に加わることで指導者として頭角をあらわし、勢力を拡大する。皇帝として即位した後は、元をモンゴルに駆逐して中国を統一した。政治面においては、建国に貢献した臣下を次々と処罰したり、大商人や地主から財産を没収するなど悪名も高い。

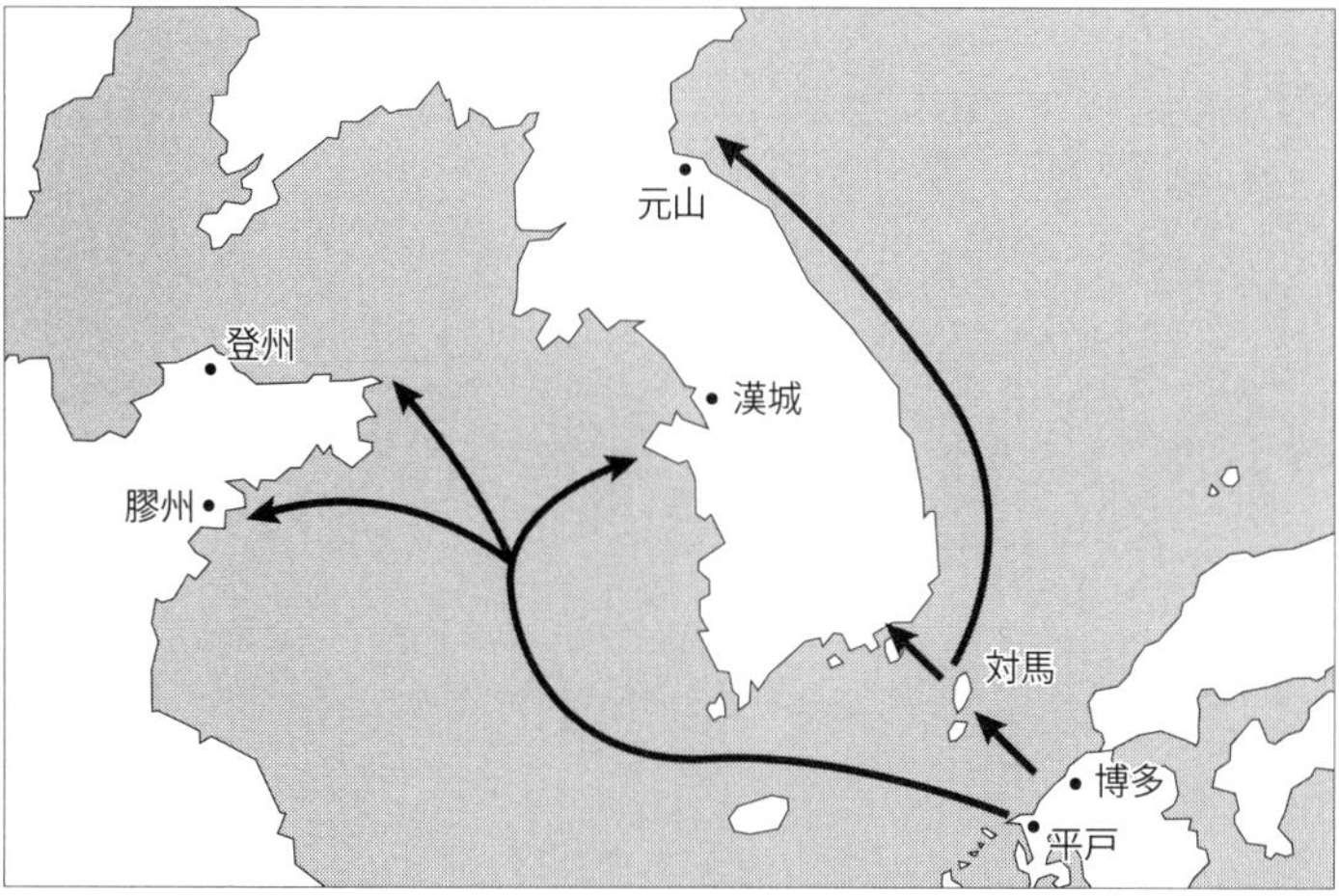


倭寇の行動範囲。韓国、中国の沿岸を広範囲に荒らし回ったことが分かる

『朝鮮王朝実録』によると、「日本人は1、2割程度で、あとは朝鮮人が倭服を着て乱をなす」とある。また、『明史』にも「日本人は3割程度」と書かれていることから、いつの間にか高麗人と中国人※になっていたのだ。

　また、高麗末期の1380年代は倭寇の名を騙った高麗人が略奪行為をしている。その正体は禾尺《ファチョク》や才人《チェイン》といった特殊技能集団だったといわれる。

　禾尺とは皮革の加工や屠畜に従事していた人々で、才人は歌舞や仮面芝居で暮らしを立てていた芸能集団である。

　彼らは遊牧民の後裔であり、職業も賤しいとして差別待遇を受けてきた人たちでもあった。このように倭寇は中国・朝鮮で圧迫された者たちの受け皿になっていく。

---

※中国人
後期倭寇の頭目として有名なのが中国人の王直で、ただの海賊ではなく日本とポルトガルとの交易の仲介をした。鉄砲の伝来にも深く関わっていたとされる。

取り締まりに抵抗する倭寇。時を経るごとに多国籍化していった

**●高麗の対抗策**

倭寇を取り締まるのは高麗政府の役割だったが、これがまったくのお手上げ状態であった。前述したように、モンゴル帝国の支配を受けている高麗は、徴兵や動員、武器の製造が自由にならず、地方に常備守備隊を置くことができなかったのだ。モンゴル帝国からしてみれば、〝倭寇撃退〟を名目に軍備を拡張されては、いつ反乱が起こるかわからないから当然だ。

武力では撃破が難しいと悟った高麗は、鎌倉幕府に取って代わっていた室町幕府や、北九州の実力者たちに何度も使節を派遣して倭寇の取り締まりを要求した。しかし、所詮は他人事。ほとんど効果はなかったようだ。

一方で大きな成果をあげた政策もあった。それは倭寇の首領に降伏・帰順を勧め従えば田畑や家財を与えて優遇し、妻を娶らせ安住させようというもの。

16世紀、世界の海で暴れ回った海賊※フランシス・ドレークがイギリス女王のエリザベス1世に金銀財宝を貢いで「サー」の称号を与えられた話は有名だが、国の側から「土地、

※フランシス・ドレーク（1543〜1596）末期テューダー朝イギリスにおける海軍提督であり、海賊。アルマダの海戦では一軍を指揮し、スペインの無敵艦隊を打ち破っている。スペインの植民地や船を襲い、略奪品をイギリス王室に捧げた功績により、女王から叙勲される。スペインへの憎悪は、若き頃にスペイン海軍によって襲撃され、自らの船団を失ったことによるという。

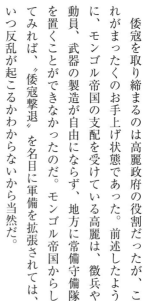

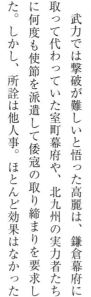

家財、妻」を差し出すのは異例である。

そこまでしてでも、倭寇の脅威から逃れたいと考えていたのだ。驚くことに60隻を率いて投降した首領もいたという。

投降した倭寇は投化倭人と呼ばれた。彼らの中には船大工や銅鋳造技術者、医術の心得があった者もいたという。投化倭人が増加することによって、倭寇は弱体化していった。

しかし、皮肉にも投化倭人の増加は高麗の財政を逼迫させていくのだった。

# 12 高麗王朝 滅亡のとき

【易姓革命の嵐】

## ●紅巾賊の侵入

モンゴル帝国はモンゴル人第一主義をとり、その他の民族は上から色目人（西域出身の諸民族）、漢人（金支配下の人々）、南人（南宋支配下の人々）と序列をつけてピラミッド型の社会を作り、民族差別を利用して支配してきた。当然、南人にとっては面白くない。

帝国の版図が巨大化すると、跡目争いなど内紛も起き、財政難から貨幣「交鈔」※を流通させ過ぎて経済が混乱するなど、除々に勢いにも陰りが見え始めた。

そんな折り、民間宗教「白蓮教《びゃくれんきょう》」信者の韓山童《かんさんどう》に率いられた農民の反乱が江南で勃発した。白蓮教はもともと念仏を主体とする浄土宗の一派で、弥勒菩薩《みろくぼさつ》が現世に現れ、衆生を救うという教義を持つ。また「モンゴル帝国の打倒と宋王朝の復興」を目指す集団でもあり、紅巾を身に付けていたことから「紅巾賊」とも呼ばれた。

---

※交鈔
元代に使用された紙幣。兌換紙幣として使用されたが、やがて銀の準備不足と濫発によって暴落し経済を混乱させた。

後に王朝「明」を建国することになる朱元璋《しゅげんしょう》も指導者として名を連ねていた。

宗教集団を相手にするのは骨が折れる。普通の兵士は死を恐れるが、宗教集団の教義によっては死も救済の一種である場合がある。『三国志』の時代の呼び水となった「黄巾の乱」もそうだし、あの織田信長も一向宗や比叡山延暦寺を相手に苦戦を強いられている。

紅巾賊はあっという間に膨れ上がり、1358年にはモンゴル帝国の開平に進撃したが帝国の反撃を受け、追われるようにして高麗に侵入してきた。その数、実に4万人。高麗軍は防衛戦を突破され平壌を占領されてしまうが、態勢を立て直したモンゴル軍と高麗軍によって殲滅された。

3年後、今度は10万人がなだれ込み、食い止めることができずに平壌どころか首都の開京まで占領され、高麗王が福州まで避難した。

国家存続の危機であったが、またしてもモンゴル軍が救援に駆けつけ、紅巾賊たちを北に追いやった。

明の初代皇帝となった朱元璋

**●易姓革命**

「易姓革命」という言葉をご存知だろうか。

中国の『孟子』※や『史記』の中に登場する言葉

※孟子
孟子では、人間の本性を善とする「性善説」、仁義の理想、天命の尽きた王朝の交替を正当化する易姓革命を説いている。

で、「天は、己に成り代わった王朝に地上を治めさせるが、徳を失った王朝に天が見切りをつけたとき、革命が起こる」とされる儒学思想だ。この思想によって〝徳のある者〟が、見切りをつけられた王朝に代わって、新しい王朝を開くことを正当化している。だから中国では、劉邦※や朱元璋のような農民が皇帝になれたのだ。実力者がトップに立てる効率的なシステムのようだが、よく考えると国を乗っ取ってしまえば前王朝のことを何とでも言えるので、下克上に都合が良い思想でもある。

血統を重視する日本やヨーロッパでは考えられないことである。日本史上でも有数の権力者であった豊臣秀吉ですら、関白止まりで征夷大将軍や天皇になることはなかった。

高麗はといえば、現在まで続く強固な儒教文化が浸透した国である。モンゴル帝国の弱体化とともに、この国にも易姓革命の足音が近付いていた。

## ●李成桂の裏切り

増大する紅巾賊を防ぎ切れなくなったモンゴル帝国は1368年、北に退いていった。紅巾賊の一兵士に過ぎなかった貧農出身で物乞いの朱元璋は政敵を蹴落として帝位に就き、国号を明と定め、太祖となった。

大陸情勢の変化は高麗の支配層にも変化をもたらした。モンゴル帝国を後ろ盾に権力を振りかざしてきた親モンゴル派が衰え、若い儒学者や官僚を中心として、明への接近を主

※劉邦
（前247～前195）
農民出身。名門の出の項羽を破って政権を握り、前202年、長安を都として漢王朝を樹立した。匈奴に侵攻するも冒頓単于に大敗し以後、融和策をとる。

張する親明派が幅をきかせるようになった。彼らの家柄は高くなく、科挙で合格し実力で官僚になった者たちであり、「新進士大夫《しんしんしたいふ》」と呼ばれた。当時の高麗王・恭愍《きょうびん》王は反モンゴル主義をとるようになり、新進士大夫たちの支持を得る。

さらに彼らと結びついたのが、新興武人勢力の李成桂※であった。彼は倭寇や紅巾賊の討伐で功績があった優秀な武人だが、家柄が低いため新進士大夫たちと似た境遇にあった。

ところがこの動きを警戒した親モンゴル派が恭愍《きょうびん》王を暗殺してしまう。新たに王となった王禑《おうう》は親明派であった。その頃明は、モンゴル帝国が占領していた高麗の鉄嶺以北を、自国の直轄領に編入すると通告してきた。

もともとは優秀な武人だった李成桂

当時は、また中国情勢も安定していない時期だったため、「力で鉄嶺以北を取り返そう」という意見が出て、李成桂に征伐の任務が与えられた。中央では、彼をそこに送ることで邪魔者を排除しようという企みがあったようだ。

1388年、曹敏修※を左軍都統使、李成桂を右軍都統使として、総兵力4万人が征伐に出発した。しかし、李成桂がいるとはいえ、モンゴル帝国を負かした明が相手である。死にに行くようなもので、士気が上がるはずもない。

※李成桂（りせいけい）
（1335〜1408）
倭寇の撃退に功績をあげた李成桂は1392年、高麗を倒して朝鮮を建国。漢城（現ソウル）に都をおいた。出身については、女真族だったと主張する研究者も多い。出身地が女真居住地域だったこと、李成桂がモンゴル名を持っていたこと、幕下に女真の首領を加えたことなど、数々の傍証がある。

※曹敏修
（?〜1390）
李氏朝鮮建国のきっかけとなったクーデターを李成桂とともに行った。その後、王位継承で李成桂一派と対立したため幽閉され1390年に殺害された。

この川を渡れば明というところまでやってくると、軍勢は突如反転した。怖気づいたわけではない。鴨緑江上の威化島で曹敏修と李成桂は共謀しクーデターを起こすことにしたのだ。高麗王・王禑もこの動きは想定外だったようで、何の備えもしておらず、反乱軍は首都開京をあっさりと占領し権力を掌握したのであった。

### ●高麗王朝の滅亡

権力を握った李成桂一派は、まず旧勢力の代表である崔瑩《さいえい》を排除した。彼の娘は王禑の妃となっていて無視できない存在であり、はじめは配流し2ヶ月後には処刑してしまった。しかし反乱軍は烏合の衆だったため、すぐに穏健派と急進派に分裂してしまう。

穏健派は王禑の子供・王昌《おうしょう》を、李成桂が中心の急進派は自分たちの派閥から新しい王を立てようとしたが、結局は穏健派の意見が通り王昌が王位に就くことになった。

ところが、王昌は王位に就いてまもなく、彼の父・王禑は、正当な血筋ではなく奸臣・辛旽《しんどん》という子供だったという言いがかりをつけられ、追放されてしまう。言うまでもなく李成桂の陰謀であり、代わりに恭譲《きょうじゅん》王が即位する。

それでも易姓革命の是非を巡る混乱は収まらず、決定的な出来事として、1392年に穏健派最後の重鎮である鄭夢周※が李成桂の息子に暗殺されてしまう。

こうして高麗王朝の命運は付き、同年7月12日、恭譲王は廃帝となり追放されてしまっ

※鄭夢周（ていむしゅう）（1337〜1392）高麗末期の文臣。倭寇の取り締まりを求めて来日したこともある。字は可遠、号は圃隠。

た。代わりに皇帝となったのは、もちろん李成桂。ここに高麗王朝は滅亡した。日本の鎌倉幕府、中国のモンゴル帝国の滅亡よりも後のことであった。

建国以来、遼、金、モンゴル帝国、倭国と他民族からの侵略に頭を悩ませつつも、立ち回りの上手さで命脈を保ってきたが、最後は自国民からの下克上で、その歴史に幕を下ろしたのであった。

# 第三章 ● 朝鮮出兵と李氏朝鮮の盛衰

# 13 【歴代王朝の遺産を放棄】新王朝 李氏朝鮮の建国

## ●李成桂即位

1392年7月、高麗最後の王・恭譲王から王位を譲られ（というより、奪取したのだが）李成桂が即位した。日本では実質的な最高権力（摂政や関白、征夷大将軍※）に就いたらそれで終わりだが、朝鮮半島の国家には、まだ大事な手続きが残っている。

明の皇帝に理解を得なければならないのだ。即位しても、朱元璋改め明の洪武帝が国家を承認してくれなければ〝自称・皇帝〟という恥ずかしい身分のままなのである。李成桂は即位後すぐに明に使者を送り、国王交代の承認を求めた。

この時点では国家として認められていないので、「権知高麗国事《けんちこうらいこくじ》」という肩書であった。

権知国事とは仮の国王という意味である。洪武帝は李成桂の王位を認めたものの、正式な冊封関係は結んでくれなかった。

---

※征夷大将軍
もとは奈良末期から平安初期、東北の蝦夷を征討するために派遣された、遠征軍の総指揮官の称号。律令軍制により、天皇から軍事指揮権を仮授されるかたちで任命される。天皇の代理人として権威をふるうことが可能になる。

しかし、その年の冬、明は国号の改定問題を持ち出してきた。地位を確立したい李成桂にとっては願ってもない申し出であった。そこで「朝鮮」と「和寧」というふたつの案を洪武帝に提示し、1393年に朝鮮という国号が決定した。まるで大企業がコンペの末に案を決めるような光景である。

ところが、国号が決定した後も李成桂の地位は権知国事のままだった。洪武帝は、もともとモンゴル帝国と一緒になって紅巾賊を苦しめて功績を積んだ李成桂を心から信頼できなかったのかもしれない。

明が朝鮮国王の地位を正式に認め、辞令が授与されるのは3代目の明皇帝・永楽帝の代になってからである。当時の明はお決まりの壮絶な跡目争い「靖難の変※」が起こったばかり。政権を安定させる必要があったからだ。1403年の出来事だった。ここから正式に朝鮮王朝がスタートするのである。

## ●粛清の嵐

日本では権力者が交代しても、旧支配層は皆殺しにはならず、せいぜい地方で出家させられるくらいだが、大陸では易姓革命が成功すると旧勢力はひとり残らず皆殺しにする。

朝鮮もまた例外ではない。李成桂は王位を自分に禅譲した恭譲王を追放するだけでは飽き足らず、王とその一族を海に突き落として葬ったと言われている。

---

※靖難の変
洪武帝の跡を継いだ建文帝に対し反旗を翻した朱棣は南京を占領し明3代皇帝・永楽帝として即位した。

さらに粛清は続いた。都を開城から風水によって決定した漢城《ソウル》に遷都すると、旧高麗王朝の官僚を大量に虐殺してしまった。彼らの土地・財産を没収すると国有化し政権奪取の功労者たちに分配したのである。

**●骨肉の争い**

李成桂には8人の息子がいた。最初の妻との間に6人、後妻の間に2人である。彼は後妻の生んだ当時10歳の末っ子が可愛くてしようがなかったらしく、王位継承者である「王世子《おうせいし》」に指名した。臣下の多くはこれに反対した。

なぜなら五男が働き盛りの25歳で、しかも16歳で科挙を突破するほどの秀才であったからだ。しかし、李成桂は建国の功臣である鄭道伝《ていどうでん》に末っ子の教育を依頼。あくまで末っ子に王位を譲る姿勢を見せた。

ところが1398年、五男・李芳遠※は私兵でもって末っ子のもとに攻め入ると、後妻の二男一女を皆殺しにしてしまった。寵愛する末っ子の死に絶望した李成桂は、二男に帝位を譲り、咸鏡道咸興《かんきょうどうかんこう》に引きこもってしまう。成桂は高僧・無学大師《むがくだいし》を心の支えとして、殺された後妻の子女のため、念仏三昧の生涯を送ったという。

骨肉の争いはまだまだ続く。1400年、四男李芳幹《りほうかん》は、李芳遠に権力が集中することに反発し、重臣・朴苞《パクポ》の協力を得て挙兵した。ところが、李芳遠は素早くこれを鎮圧し、

※李芳遠（りほうえん）（1362〜1422）李成桂の第5子。異母弟2人と鄭道伝を殺害し、王室の内紛に勝ち、朝鮮王朝第3代国王太宗として即位した。

後に即位して三代太宗となった。

## ●崇儒廃仏

李成桂が目指したのは「儒教立国」である。といっても、李成桂自身は儒学者ではない。易姓革命論を主張して李成桂を国王に担ぎだしたのは、儒学の朱子学派※の者たちだったこと、高麗の建国理念が「仏教立国」の確立だったことなどから、旧王朝勢力のしがらみから完全に脱却するために儒学の力を借りたのである。

こうして李朝による「崇儒廃仏《すうじゅはいぶつ》」、すなわち仏教の弾圧が始まるのである。儒教以外の教えは異端とされ、全国の寺や仏像は破壊、僧侶は賤民の身分に落とされた。

三代太宗の代になると従来の宗派11宗は7宗まで減らされ、四代世宗《せいそう》の代には、7宗を淘汰統合して2宗まで減らしてしまった。漢城の本山二寺以外はすべて破却され、二宗以外の僧や尼は漢城の東大門、西大門、南大門、北大門の四大門の中に入ることが禁止されてしまった。

この入城の禁は日清戦争後、日本人僧侶の進言によって解かれるまで続いたという。

日本に茶の風習が伝えられたのは朝鮮半島からであるが、本家の朝鮮半島では仏教弾圧によって茶の風習がなくなったのだという。高麗では茶を仏教儀式に取り入れたため、栽培も僧侶が担当していたが、李朝の仏教弾圧により茶園も荒廃し消滅してしまったのだ。

---

※朱子学
11世紀頃、南宋の朱子によって体系化され、中国をはじめ東アジアに大きな影響を与えた儒学の一大哲学体系。新儒学ともいう。

# 14 【豊臣秀吉の壮大な野望】新たなる脅威 文禄の役

●李氏朝鮮の安定期

建国早々、内紛に見舞われた李氏朝鮮だったが、その後は安定した政権運営が続く。よく「組織は3代目が肝心」と言われるが、李氏朝鮮の場合は3代目の太宗と、その子で4代目の世宗※と名君を立て続けに輩出したため、国家基盤は強固になっていった。

歴代王朝を苦しめていた北方からの侵入も、明が巨大国家として君臨していたためほとんどなく、明を苦しめていたオイラト、タタールといった諸部族は朝鮮に関心を示さなかったため、大きな戦争には至らなかった。

唯一の脅威といえた倭寇に対しても、高麗時代からの懐柔策の浸透もあって優位に立てるようになっていた。失敗はしたものの、倭寇の拠点・対馬に遠征軍を差し向ける余裕もあったのである。しかし、予想だにしなかった脅威が海の向こうからやってきた。

※世宗
（1397～1450）
李氏朝鮮第4代国王。ハングルの制定を行ったことで知られている。李朝一の名君であったことから世宗大王ともいわれる。

## ●豊臣秀吉の九州平定

李氏朝鮮の建国から2世紀が過ぎた1582年、海の向こうの日本では、天下統一を目前にした戦国大名・織田信長※が明智光秀の裏切りによって殺される「本能寺の変」が起こっていた。彼の死後、混乱を収めて天下統一を成し遂げたのが、言わずと知れた豊臣秀吉である。この主従には、ある共通の夢があったとされる。

それは「征明」構想だ。

15世紀初頭、足利幕府将軍の義満は中国の冊封体制に入って「日本国王」となって勘合貿易を独占し莫大な富を得た。これも画期的な発想であったが、秀吉はさらにその上をいき、海を渡って明を征服し、東アジアの頂点に君臨する野望を抱いていたのである。

東アジアの覇者たらんとした豊臣秀吉

「本能寺の変」から5年後、秀吉は九州最大の大名・島津氏を降伏させる。すると壱岐、対馬もこれに従った。大陸まで49キロの対馬を傘下に収めたことで、秀吉の野望はがぜん現実味を帯び始める。

秀吉は対馬を領有していた宗義智《そうよしとし》に対し、「今まで領有してきた対馬を安堵する代わりに、朝鮮国王を服属させよ」と要求した。困ったのは義智

---

※織田信長
（1534～1582）
織豊政権の基礎を築いた尾張の武将。父は織田信秀。1560年、桶狭間の戦いで今川義元を破ったあと、美濃の斉藤氏を降す。1573年には室町幕府を滅ぼす。長篠の戦で武田勝頼を破り近江に安土城を築城。石山本願寺、甲斐の武田氏、中国・四国を制圧して上洛途上、本能寺の変に遭う。

である。倭寇の取り締まりを口実に、朝鮮から200石を得ていた宗氏はとても従属を要求するような立場になかった。

そこで、義智は「豊臣政権が天下統一を果たしたから、これを機会に中断している通信使を派遣してほしい」と「服属要求」とは似ても似つかない要望を朝鮮に伝えた。朝鮮側は、下火になったとはいえ、未だ倭寇の被害に遭っていたこともあり、政権が代わったのを機に通信使を派遣することを決めた。

## ●交渉決裂

朝鮮は1590年、黄允吉[※]を正使、金誠一を副使とする通信使一行を日本に派遣した。秀吉は聚楽第で通信使と謁見し、国王の国書を受け取った。

秀吉は朝鮮が服属したと思い込んでいるから、「明征服の道案内をせよ」と無理難題をふっかけた。通信使は驚いてこれを拒絶。通信使の態度に冷や汗をかいた宗義智は「道案内というのは、明へ使節を送る際に道を借りるということだ」などと言い訳を並べたが、使節は納得しないまま帰国していった。

ここで朝鮮ならではの問題が発生する。外敵の不在が緊張感の欠如を生んだのか、当時の朝鮮は官僚が2派に分かれて権力闘争を繰り広げており、今回の対日外交も〝政争の具〟となってしまう。というのも、正使の黄允吉が「秀吉は恐ろしい人物である。朝鮮に兵を

※黄允吉（こういんきつ）（1536〜?）
朝鮮王朝中期の官人。字は吉哉、号は友松堂。日本による朝鮮侵略が必至であることを主張し、朝鮮政府内に論争を起こした。文禄の役後の消息は不明。

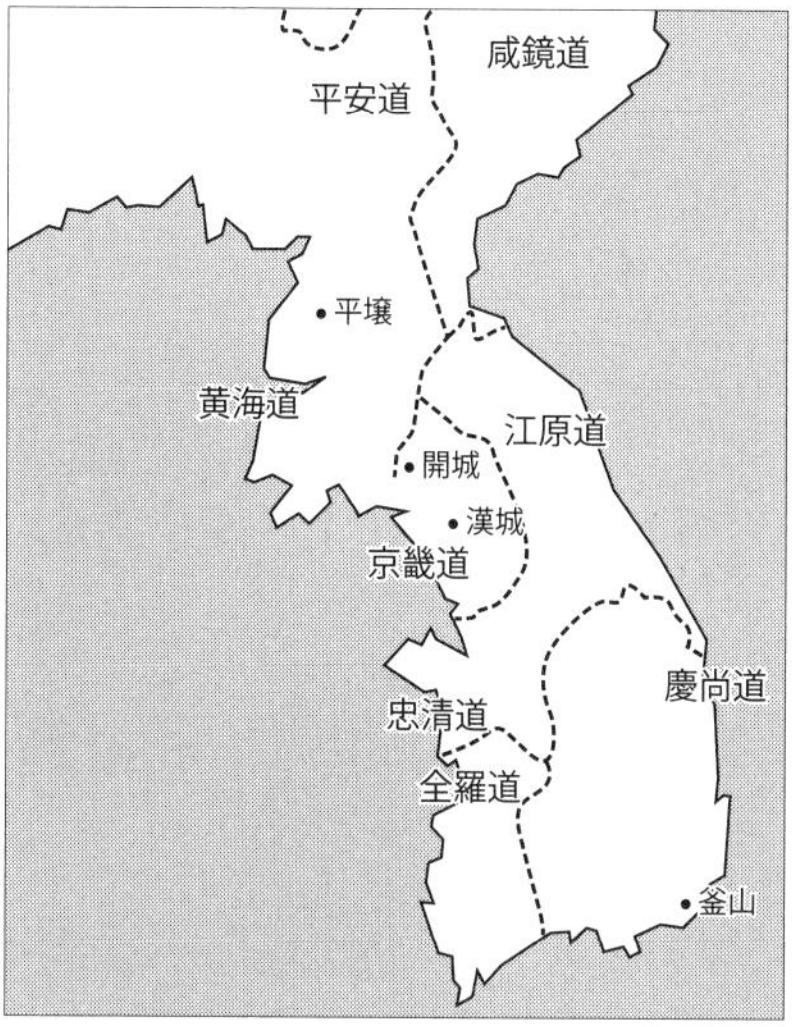

当時の朝鮮は「道」という区画に分かれていた

出すだろう」と諫言したのに対し、副使の金誠一は「秀吉は恐れるに値しない。兵を出すことはない」と正反対な意見を述べたのだ。

正使は西人派、副使は東人派である。出発前は西人派が実権を握っていたが、帰国した頃は東人派が優勢だったため、金誠一の意見が採用される。つまり、朝鮮は攻撃に備えて防御を固めることはなかった。

宗義智がその場しのぎに歪曲して伝えた要求さえ拒否された秀吉は、明より先に朝鮮を征伐することを決定し、肥前（現在の佐賀県）名護屋城の建設を九州の大名に命じ、普請にとりかかったのであった。

## ●文禄の役

１５９２年、秀吉の命で総勢16万人の朝鮮征伐軍が組織された。

一番隊は小西行長※、宗義智《そうよしとし》が率いる１万８７００人。７００隻に分乗し一路、釜山浦に迫った。

一番隊は上陸すると釜山鎮城に「仮途入明（明へ道を借りる）」を要求

---

※小西行長（?～１６００）堺の薬商人である小西隆佐の次男。商売のために出入りしていた大名家に才知を買われ武士となった。

したが、当然拒否されたため、総攻撃を加えて1日で陥落。勢いに乗る日本軍は翌日、東莱城《とうらいじょう》に迫り、ここでも「仮途入明」を求めたが釜山同様拒否されたため、わずか2時間で落とした。100年以上にわたって合戦に明け暮れていた日本から、選りすぐりの精鋭が攻めてくるのである。朝鮮軍はまったく歯が立たなかった。

「東莱城陥落」の一報を受けた朝鮮国王の宣祖《せんそ》は、さっさと漢城を脱出し平壌に逃亡してしまった。王朝は交代しても逃げ足の速さだけは変わらないようである。しかし、トップが率先して逃げたことで国民の失望を買い、王宮は荒らされ宝物が略奪されたという。

二番隊を率いるのは加藤清正※。予定より少し遅れて4月18日に釜山浦に上陸し、翌日には彦陽《オニャン》を、20日には古都慶州《けいしゅう》を攻略した。加藤清正は「賤ヶ岳七本槍《しずかだけ》」のひとりとして知られ、秀吉の直属の部下としては抜きん出た武勇の持ち主であった。

5月2日夕方、もぬけの殻になった漢城東大門に一番隊の小西行長が到着。二番隊加藤清正も翌日早朝に南大門から入城した。続いて黒田長政の三番隊が7日に、八番隊の宇喜多秀家も8日には入城した。

釜山に到着してから20日あまりで首都を陥落せしめたのである。

## ●李舜臣の活躍

連戦連敗に次ぐ朝鮮軍の中にあって、唯一といっても良い光が李舜臣《りしゅんしん》であった。全羅道

※加藤清正（1562～1611）豊臣秀吉の武将。肥後国熊本を領す。朝鮮出兵の先陣をつとめた。武将派の中心で石田光成と対立したため関ヶ原では東軍についた。築城の名手で清正が改築して完成させた熊本城は「日本三名城」のひとつとして名高く、明治時代の西南戦争でも使われた。

水軍を率いて、日本軍の補給線を狙い戦果を挙げ、素早く引き上げた。補給線を警備する水軍とも海戦で戦って撃破し日本の制海権を危うくした。現在の韓国では救国の英雄のような扱いだが、近年では研究が進み、その戦果が限定的であったことが分かってきている。現に、日本海軍が警戒を強めると李舜臣の出撃回数は激減している。

さて、漢城の陥落後、一番隊小西軍と二番隊加藤軍は、かつて高麗の都があった開城を攻略。次いで、一番隊小西軍は三番隊黒田軍と合流し、かつて高句麗の都があった平壌に迫った。ここで日本側は会談を申し入れ、受け入れられた。

日本側からは従軍僧玄蘇※、宗氏の老臣柳川調信、朝鮮側からは大司憲の李徳馨《イドクキョン》が大同江に船を浮かべ、酒を酌み交わしながら会談した。一番隊の行長と義智は揃ってクリスチャンであるうえに朝鮮との関係が深く、開戦してからもなるべく戦を避けようと「仮途入明」を繰り返したのである。

しかし、会談は決裂した。

会談決裂後、朝鮮国王は平壌を脱出し、義州に逃れ明に救援を求めることとなった。残された朝鮮軍は日本軍に夜襲を仕掛けるものの、戦国時代を戦い抜いた武将たちには通用せず、逆襲を受けて敗走、平壌を放棄して逃亡した。日本軍は平壌の無血開城に成功はしたが、北からは朝鮮の宗主国・明からの援軍が迫っていた。

※景轍玄蘇（けいてつげんそ）（1537〜1611）文禄の役に従軍した。1609年の己酉約条成立に尽力するなど朝鮮外交にあたる。対馬で生涯を終えた。

# 15 日本と明 朝鮮半島で激突

【豊臣秀吉の「慶長の役」】

## ●豊臣秀吉の朝鮮出兵

李氏朝鮮は前述したように文人優位の中央集権的な官僚国家であり、武を卑しむ傾向があった。当然、軍事力は強くなりようがなかった。それでも、国体を維持できたのは、強大な武力をもつ明との間に事大関係※を築いていたからである。

明とすれば、日本の次の標的が自分たちであることは明白であり、手をこまねいていればやがて戦国武将たちが明領になだれこんできてしまう。明はそれを防がんと、朝鮮半島に兵を送り、日本と戦うことを決意した。日本とすれば、ようやく本来の敵を引っ張りだしたことにはなるが、ここから思わぬ敵に苦しめられることになる。

朝鮮では正規軍が壊滅状態になったため、儒者、農民、僧侶などが義兵を組織し、故郷を守るためにゲリラ戦を展開していた。ゲリラ戦の経験が乏しい日本軍を苦しめた。

---

※事大関係
強いものに弱いものが従い、弱いものが貢物をすることで強いものに守られる関係。

明は平壌が占領された段階で援軍を派遣した。名将と言われる大将軍の李如松[※]が率い、副総兵・祖承訓《そしょうくん》が5万3000人の兵と共に従った。明軍が朝鮮半島に入るのは初めてのことである。

ここで朝鮮にとって憂慮していた事態が起こる。鴨緑江を越えて義州に入った明軍が、周辺の村で乱暴狼藉を働いたのである。明兵は宗主国の兵として、明らかに朝鮮を見下しており、兵糧・馬糧も彼らに用意させていた。日本におけるアメリカ軍基地を彷彿とさせるが、このように他国の兵を自国に入れるのは〝諸刃の剣〟なのである。

こうまでして朝鮮が頼みとした明軍であったが、彼らもあっけなく日本軍に破られていく。というのも、明軍はタタールやオイラトや女真族といった、遊牧民国家の騎馬軍団と戦うために整備された軍隊であった。日本は鉄砲を国産化しており、その火力に歯が立たなかったのである。

明軍は7月、小西行長が拠点とする平壌を攻撃するが、日本軍はこれに銃弾の雨を浴びせ敗走させている。副総兵・祖承訓はすっかり戦意をなくしてしまった。

**●休戦協定の罠**

騎馬遊牧民とはまったく異なる日本軍の強さを見せつけられた明軍は、ここで方針を変更する。「講和を結びたい」として、口が達者な外交官・沈惟敬《しんいけい》を派遣してきたのだ。

---

※李如松（りじょしょう）（?〜1598）明の武将。字は子茂。号は仰城。諡は忠烈。先祖は朝鮮出身で弟8人もすべて軍人。1592年、朝鮮救援のため軍務提督として東征。翌年1月に平壌で小西行長らの軍を破るが、漢城（ソウル）西北で小早川隆景の軍に敗れ、戦意喪失。行長との講和工作に託した。1597年に遼東総兵官に就任し、翌年同地で戦死。

まともに戦って勝てないのなら、次なる手を考える。このあたりは、さすが世界的な兵法書『孫子』を生んだ国だといえる。

沈惟敬は小西行長と接触し、「即時撤退」を要求。一方の行長は、大同江以南を日本領土とすることと、日本への貢物を求めた。ちなみに、この交渉は秀吉の指示ではなく、行長が独自に行っていることである。惟敬は、「それには皇帝の許可が必要」と応じ、日本と明との間で50日間の休戦協定が結ばれたのだ。

しかし、明に和議を結ぶつもりなどなく、休戦協定は明軍の態勢を立て直すための時間稼ぎだった。50日を過ぎても明からは返事がなく、その間に日本軍の食糧は乏しくなり冬を迎えた。西日本の武将が多い日本軍にとっては、経験したことのない大陸性の〝冬将軍〟である。

年が明けると、講和したはずの李如松率いる4万3000人に朝鮮軍1万人を加えた軍が、行長たちがいる平壌城を取り囲む。

明軍はヨーロッパから買い入れた仏狼機砲※という大砲を持ち込み、平壌の外壁を破壊。城下に殺到した。これを迎え撃つ宗義智、有馬晴信ら一番隊は苦戦したが、なんとか包囲を突破し平壌を脱出。その後、三番隊の黒田長政の率いる白川に退却したのだが、明軍は追撃隊を編成してこれを猛追する。日本軍はさらに退却を強いられ、六番隊の小早川隆景の漢城まで引くことになった。

---

※仏狼機砲（フランキ砲）
16世紀に用いられた大砲。特に、ヨーロッパから中国や日本にもたらされた原始的な後装砲を意味する用語。当時は、大きな威力を持っていた。日本では、1576年にキリシタン大名大友宗麟が、布教にきたポルトガル人宣教師から輸入したのが最初といわれる。

平壌を奪回した明軍は、勢いに乗じて南下し、開城経由で漢城に向かった。日本軍は兵糧米が2ヶ月分しかないことから、打って出ることを選択。小早川隆景と宇喜多秀家が指揮する4万2000人が開城方面に進撃し、連合軍と漢城北部の碧蹄館《へきていかん》で激突。

小早川隆景は、あの毛利元就※の子どもである。兵を分散させたり、伏兵を配するなど的確な戦術で明軍を散々に打ち破った。李如松は落馬し、あわや討ち死にというところまで追い詰められた。やはり正面からまともに戦えば日本軍の勝利は明らかだった。

明軍は戦意を喪失し、漢城奪回という目標を放棄して開城まで撤退していった。この敗戦は朝鮮の人々を大いに失望させるものだった。

明軍が平壌攻撃に使用した「仏狼機砲」。日本名は「国崩」

## ●交渉の決裂

碧蹄館の戦いには勝利したものの、漢城に集結した日本軍は、兵糧不足に加えて疫病や寒さに苦しめられていた。次第に日本軍には厭戦気分が広がっていったが、それは明も同じであった。

※毛利元就
（1497～1571）
戦国期の武将。安芸国吉田郡山城主。1523年以後は中国地方西武の大名、大内氏に属し、子元春・隆景を備後の小早川氏の継嗣とするなど、両国における勢力拡大に努めた。1555年に厳島の戦で大勝したのちは領国を拡大して大内義長を倒し、周防、長門、石見、さらには出雲をも制圧。五人奉行制と呼ばれる官僚機構を整備した。

今回も小西行長と沈惟敬との間で和議交渉が始まった。

講和という結果が欲しい沈惟敬と、平和を望む行長。目的が一致した2人は恐ろしい計画を立てる。なんと彼らは、それぞれの君主に都合が良いように、日本には明の降伏使節を送り、明には日本の降伏文書を送ったのだ。

秀吉は偽の降伏使節に対し「和議七ヶ条」を渡し帰国させた。これには「明皇帝の皇女を天皇の后とすること」「勘合貿易を再開すること」「朝鮮八道を分割し半分を朝鮮に返還、その条件として朝鮮王子と大臣ひとりを人質として送れ」などと書かれていた。

行長と沈惟敬は「和議七ヶ条」を「関白降表」と偽造して「勘合貿易を再開すること」のみに削り降伏使節を明に送った。商人出身の行長は、貿易さえ再開させれば秀吉も納得すると楽観視していたが、これがのちに、さらなる戦火を朝鮮半島にもたらすことになる。

1596年、行長たちが仕立てた降伏使節を受けて、明から派遣された冊封使が大坂城にやってきた。これまで服属させてきた国のように、冊封体制に入ることの確認である。

秀吉は自らの政治顧問で臨済宗の僧、西笑承兌※に書状を読み上げさせた。そこには、日本が提示した「和議七ヶ条」について何の言及もないうえに「貴様を日本国王として認めてやる」という不遜な言葉が並んでいた。

秀吉は大激怒し、直ちに朝鮮へ再派兵することを決定した。

---

※西笑承兌
（さいしょうじょうたい）
（1548～1608）
戦国期～江戸初期の臨済宗の僧。号は月甫、南陽。秀吉や家康の顧問的役割を担い、特に諸法度や外交文書の起草、学問奨励策、寺社行政の立案、法要など仏事の運営に携わった。著書に「異国来翰認」他。

### ●慶長の役

文禄の役では明の制圧が目的だった日本。だが、今回の遠征の目的は「和議七ヶ条」で示した朝鮮半島南部の四道を力ずくで制圧し、支配することだった。

1597年、秀吉は14万に及ぶ大軍を編成し釜山へ向かわせた。黒田長政、小早川秀秋、宇喜多秀家、長宗我部元親※、毛利秀元など有力な西国大名を総動員しての大遠征だった。

迎え撃つ朝鮮軍はというと、お得意の内部対立を起こしていた。「文禄の役」で活躍した李舜臣が政争に巻き込まれ、投獄されていたのだ。しかし朝鮮水軍が壊滅状態になるとすぐさま復帰した。

日本軍は総大将の小早川秀秋を釜山浦に留め、軍全体を右軍と左軍に分け兵を進めることにした。左軍は宇喜多秀家を大将とし、配下に小西行長、島津義弘ら。一方、毛利秀元を大将とする右軍は加藤清正、黒田長政らを従える。

両軍は明軍、朝鮮軍を次々と破り合流し漢城の手前までやってきた。

しかし、ここで日本軍に、明から大量に援軍が到着して漢城に駐留しているという情報がもたらされた。そこで、占領地からいったん退き、沿岸部に日本式の城を築き、越冬してから漢城を攻略する作戦を立てた。

前回で〝冬将軍〟に苦しめられた経験を活かしたのである。

---

※長宗我部元親（1539〜1599）
織豊期の武将。土佐を統一し、1585年に伊予国の河野通直を破り四国を征服したが、同年秀吉の四国攻めで降伏。土佐一国を与えられる。1586年、九州攻めに参陣して島津軍に破れる。文禄・慶長の役に参陣。1596年にはサン・フェリペ号事件の処理にあたった。

日本に向いて鎮座する李舜臣の銅像

## ●秀吉の死と撤退戦

緒戦を優位に進めていた日本だったが、本国では決定的な事件が起こっていた。

1598年、天下人である豊臣秀吉が病に倒れ、帰らぬ人となってしまったのである。つまり「征明構想」などという荒唐無稽な夢の持ち主は、これで日本からひとりもいなくなり、遠征を続ける意味はなくなった。

撤収を決意した日本軍は「朝鮮の王子を人質として差し出し、貢物を提出すれば講和する」と譲歩。大将の死を気取られまいとした。ところが、どこから漏れたのか「秀吉死す」の一報は朝鮮・明も周知の事実となる。

「好機」とばかりに明軍は全軍を4つに分けた。東路軍は加藤清正の蔚山《うるさん》城へ、中路軍は島津義弘の泗川《しせん》城へ、西路軍と水路軍は小西行長のいる順天城へ狙いを定めたのである。

清正も義弘も城を取り囲まれるが、※日本式の城を築いていたお陰で落とされることはなかった。日本式の城攻めの経験のない明軍と朝鮮軍は多数の犠牲者を出しただけだった。

しかし、島津軍が向かった小西軍との合流地点に、行長の姿はなかった。

順天城の周囲の海上を明・朝鮮の水軍が封鎖しており、身動きがとれなかったのだ。

---

※日本式の城
加藤清正は築城の名手として知られ、彼が建築した熊本城は明治時代の「西南戦争」でも使用され新政府軍を守った。

行長を救うため、島津義弘に加え行長の娘婿・宗義智らの諸将が順天城に急行した。これを敏感に察知した連合水軍は包囲を解き、日本海軍を迎撃するため露梁津《ろりょうしん》へと向かった。もちろんその中には、明・朝鮮の諸将で最も日本軍を苦しめた李舜臣の姿もあった。彼は一時、義弘の乗船にまで肉薄したというが、味方を救援したところで集中砲火を受けてしまい、ついに最期※を迎えてしまう。

双方に甚大な被害が出る中、封鎖線が解かれた隙を狙って、行長は順天城を脱出した。釜山に集結していた日本軍も釜山城を燃やし、一路朝鮮を離れていった。

明の力を借り何とか日本の侵略を防いだ朝鮮であったが、明・朝鮮の消耗はとてつもないものだった。日本にとって何も得るものがなかった戦いであったが、明・朝鮮にとってもいたずらに国土を疲弊させただけであった。

朝鮮ではこの侵攻を長らく「壬辰倭乱《じんしんわらん》」として記憶し、恨みを抱くことになる。そしてこの国には、次なる脅威である、女真族の再来襲に対抗するだけの力は残っていなかった。

※最期
日本で源義経や真田幸村の死が美化されるように、李舜臣も英雄化が過ぎるあまり「自ら死を選んだ」「生き延びて戦後に死んだ」と様々な俗説が生まれているという。

# 16 清の建国と屈辱の服属

【耐え難い「恥辱碑」も】

## ●ヌルハチの台頭

朝鮮は「中国こそが世界の中心である」という中華思想を持つ明を崇拝し、自らを「小中華」として誇っていた。この関係は明と朝鮮の関係に限らず、今までの朝鮮半島の国家と大陸の強国との結びつきに共通しているものである。

日本人のことは人間以下の「夷狄《いてき》」と見下していたのだ。朝鮮出兵で日本へ連行された博士・姜沆《きょうこう》は『看羊録』※で日本人を「倭奴《わど》」「醜奴《しゅうど》」などと呼び「絶域の外、犬や豚の巣窟に陥ってしまった」と述べている。おそらく、ほとんどの朝鮮人がこのような考えだったのだろう。

このように、精神的に周辺民族を見下しながらも、物理的な侵略を受け続けるといういびつな構造は、国民性の形成に一役買っていると見ざるを得ない。

※看羊録
姜沆は藤堂高虎の水軍により捕虜とされ日本へ移送された。日本での抑留生活は3年間におよぶ俘虜生活の見聞を「看羊録」にまとめた。

さて、モンゴル帝国がアジアに覇を唱えると、かつて隆盛を誇った女真族は一部族に戻って遊牧や狩猟を生業としていた。しかし、明や朝鮮の時代になっても、「万に満つれば敵すべからず」※と恐れられていたのだ。

その頃の明では、毛皮の中でも最高級とされていた黒貂《くろてん》の毛皮がブームになっていた。

貂。黒貂は毛がより灰色っぽかったり、黒っぽかったりする

これが女真族に富をもたらすことになる。黒貂は彼らが住んでいた満州にのみ生息していたからである。兄貴分が好んでいる服に、朝鮮が影響を受けないはずがない。黒貂の毛皮はステータスとなり、女真族に注文が殺到する。

毛皮1枚が牛1頭と交換され、さらには鉄製の道具も交換対象となった。鉄製の道具は女真族の武装を強力にする可能性があるため、明が輸出を禁じていたものだった。

この交易によって、女真は鉄製の道具を作り出せるようになり、同時に武器も強力になっていった。可愛らしい動物が歴史を動かすという、珍しい例である。

力を蓄えた女真族のリーダー、ヌルハチは1583

※万に満つれば敵すべからず
「一万人揃えば我々など相手にならない」ということ。

年、ついに挙兵する。といっても、この時点で付き従ったものは100人、鎧を身に付けていた者は30人に過ぎなかったという。しかし、わずか5年で建州一帯の勢力を統一し、その地を「満州」とした。そして1635年以降、「女真」という民族名を使用することを禁止し満州と名乗るようになったのだ。ヌルハチの快進撃は続き、1616年に満州をほぼ統一。部族長「ハン」に即位し国号を「金（以前滅んだ金と区別するため、後金と表記する）」とする。

明との戦いが目前に迫っていた。

## ●明・朝鮮連合軍の敗北

ヌルハチは1618年に明朝との国交を断絶し、2万の兵で撫順を攻撃、これを陥落させる。警戒した明は朝鮮に対し、1万の援軍を要請した。日本の朝鮮出兵の恩があるわけだから、援軍を出すのは当然といえる。ところが、当時の朝鮮王・光海君※は「出兵をすれば後金に目をつけられるのでは」と躊躇った。

これに対して重臣たちは「明からの恩があるので出兵すべし」と主張。お約束の意見対立が起こるが、王側が押し切られて援軍を派兵。翌年3月、明・朝鮮軍と後金との間で「サルフの戦い」が行われた。

のちに「八旗」と呼ばれることになる精強な軍団で攻めて寄せる女真に対し、連合軍は

※光海君
（1575～1641）
李氏朝鮮15代国王。暴君として廃位された王のため廟号、尊号、諡号、陵名はない。

まったく歯が立たず後金の圧倒的な勝利で終わった。そのとき、朝鮮はどうしていたかというと、司令官・姜弘立※がほとんど戦うことなくヌルハチに降伏してしまったのだ。『光海君日記』からは彼が「さっさと降伏するように」と言い含めていたことが読みとれる。結果的に「朝鮮出兵」の際の恩を仇で返す結果になってしまった。明が失望したことは言うまでもない。

## ●「丁卯胡乱」と「丙子胡乱」

その光海君は１６２３年、クーデターで追放され仁祖《じんそ》が王位に就いた。明と後金の戦いで中立的な立場をとる外交姿勢を批判されての追放だった。自然と仁祖は反女真政策をとらざるを得なかった。

刺激された後金は１６２７年、「サルフの戦い」で降伏していた姜弘立を先鋒に３万の兵で凍った鴨緑江を渡って朝鮮に侵入する。朝鮮は、３万人を防ぐ力さえなく、仁祖王一行はお馴染みの江華島へ、皇太子一行は全州に避難した。

もはや防戦する意欲さえないように見える。江華島で仁祖は戦うことなく降伏。これを「丁卯胡乱《ていぼうこらん》」と呼ぶ。朝鮮は後金を兄、朝鮮を弟とする兄弟の盟約に同意させられ、毎年一定額の上納金を貢ぐことで後金と講和した。

そして国号を「清《しん》」と改めた女真は、兄弟の義を君臣の礼に変えること、清とともに明

※姜弘立（きょうこうりつ）（１５６０〜１６２７）李氏朝鮮中期の将軍。サルフの戦いで後金に降伏し、「丁卯胡乱」で朝鮮に帰った。

を攻撃すること、ヌルハチの子で後を継いだ清の太宗※を、皇帝の称号をもって呼称することを朝鮮に要求。

「小中華」を自称する朝鮮にとって、この仕打ちは耐え難かったらしく、家臣の意見が分かれるなか、清に宣戦を布告。全国に動員令を発し敵意を明らかにした。

清は、講和に背くものだとして、１６３６年12月、八旗、蒙古八旗、漢人八旗で組織した13万の兵を太宗自ら率いて、朝鮮に侵入。清軍は凄まじい速度で進撃し、わずか５日で漢城に到達した。江華島への逃げ道はすでに断たれており、仁祖は南漢山城に避難したが、大軍に包囲されて為す術なく降伏した（これを「丙子胡乱《へいしこらん》」と呼ぶ）。

## ●耐え難い「恥辱碑」

降伏した仁祖は軽蔑していた胡服（満州服）を着せられ、設けられた「受降壇」において、清の太宗に向かって９回地面に頭をつけて叩頭するという、屈辱的な降伏を行った。

そして一方的に和約を結ばされ、完全に清の属国となった。

和約の内容は「朝鮮は、清に対し臣としての礼を尽くすこと」、「朝鮮は明の元号を廃し、明から贈られた国名、朝鮮王の印璽を清へ引き渡し、交通を禁止すること」、「城郭の増築や、修理については、清に事前に許諾を受けること」、「清に対して黄金１００両、白銀１０００両と20余種の物品を歳幣として上納すること」、「皇帝の誕生日である聖節、正

※太宗（１５９２〜１６４３）
教科書では皇帝就任前、ホンタイジと出てくるが皇太子や王等の意味を含んでいる。内モンゴルのチャハルを平定すると翌年、国号を清と改めた。北京を占領し明朝を滅ぼした李自成を倒して北京に政権を樹立した。

月1日、冬至と、慶弔の使臣は、明との旧例に従って送ること」など。

一度逆らったこともあって、これまで服属してきた国に比べて、ダントツに厳しい条件で従わされたのである。さらに丙子胡乱の戦勝を記念し「大清皇帝功徳碑《だいしんこうていこうとくひ》」が建てられた。

高さ5・7メートル、幅1・4メートル。右側に満州文字、左側にモンゴル文字、後面に漢文が彫られている。横には仁祖が太宗に9度拝礼している様子が描かれたレリーフもある。この石碑は1895年に「下関条約」※が結ばれて朝鮮独立が確定すると川に投げ込まれたが、「日韓併合」後、川から掘り起こされて元に戻され、史碑として現在に至る。

また、清の属国となった朝鮮は、清の皇帝の勅使が漢城を訪れたとき、朝鮮国王が「迎恩門《げいおんもん》」まで出迎えて、勅使に対し9回叩頭する礼を行わなければならなかった。

この門は、もともと明の使臣を迎えるために1536年、「迎詔門《げいしょうもん》」として建てられた。明の使臣から「皇帝の詔書や勅書や下賜品を持ってくるのに、門の名前が詔だけ迎えるのはおかしい」との訴えがあったため「迎恩門」と名前を変更したのだ。

日本が日清戦争で勝利し朝鮮の独立を清に認めさせると、朝鮮はすぐに迎恩門を壊し、その場所に独立門を建てた。

つまり清から独立を果たしたことを記念して建てた門だったのだが、歴史教育が行き届いていないせいか、「日本からの独立を記念して建てられた」と勘違いしている韓国人が多いのだという。

※下関条約
1895年4月、下関の春帆楼にて、日本全権伊藤博文、陸奥宗光、清国全権李鴻章との間に下関条約が調印され講和が成立した。

# 17

【時代に乗り遅れる李氏王朝】

# 近代の始まり 朝鮮の開国

## ●朝鮮の開国

清による2度にわたる侵攻で完全な属国となった朝鮮だったが、しばらくは平和な時代が続いた。満州族の清は中国を統一し、漢民族・モンゴル族・チベット族・ウイグル族などを従えて支配したため、清に従って決まった貢物を出していれば、平和な生活が保障されていたのだ。もっとも、国内での政治紛争は激しかったが。

海の向こうの日本も江戸時代に入り、徳川政権は鎖国政策※をとったため、海外への領土的野心は発揮されようもなかった。こうして朝鮮は北からも南からも攻められる心配がなくなり、日本の江戸時代のように200年以上、平和な時代が続いた。

それが破られたのは18世紀以降、欧米の列強諸国がインド、東南アジア、アフリカに進出して植民地を築くようになってから。次の標的はそう、東アジアであった。

---

※鎖国政策
鎖国という言葉は、ドイツ人医師ケンペルの『日本誌』を、1801年に志筑忠雄が『鎖国論』と訳したことから生まれた言葉。

## ●日本との書契問題

その東アジア最強の帝国であったはずの清は、「アヘン戦争」※で敗れあっさり開国した。頑なに鎖国政策をとっていた日本も、「薩英戦争」「下関戦争」といった摩擦はあったものの、戦を回避して開国し、列強と条約を結んだ。朝鮮はいつの間にか取り残されていた。

「アヘン戦争」において清の海軍の船を沈めるイギリス海軍

当時の日本と朝鮮の関係を整理しておこう。

徳川幕府と朝鮮政府は、1607年に国交を結んでおり2年後には朝鮮と関係の深い宗氏が、「己酉約条《きゆうやくじょう》」を締結。釜山に倭館を置き、宗氏が毎年、歳遣船を派遣するなど朝鮮貿易が認められた。

つまり日本と朝鮮は、直接外交をしていたわけではなく、対馬藩の宗氏を窓口とする間接外交だった。

朝鮮通信使は江戸まで行くことができたが、日本人は釜山の竜頭山付近に位置する倭館までしか行くことはできなかった。「朝鮮出兵」で警戒されていたからだ。この待遇は100年経っても200年経っても改善されることはなく、結局、江戸幕府が滅ぶまでそのような状態が続いた。

---

※アヘン戦争
アヘン戦争直前、イギリス議会では、開戦に反対する動議が提出されたが、否決され開戦が決まった。イギリスの海軍力と火器の方が勝っていたため、イギリス優位に進んでいった。

開国した日本は1867年、明治維新※を達成し新政府が樹立される。

翌年、明治政府は元対馬藩家老の樋口鉄四郎を通じて「政体の変更」を告げる外交文書を送った。ところが、倭館で対応した朝鮮の役人は文書の受け取りを拒否し、即時帰還を命じた。なぜこのような態度に出たのであろうか？

それは、文書に「皇」「勅」の文字が使用されていたことと、押印が対馬藩主朝鮮から与えられた旧印ではなく、日本国の朝廷の新印が使用されていたことが原因だった。日本では政権の主体が天皇になったのだから、当たり前のことなのだが、朝鮮にとって「皇帝」といえば清国皇帝だけを指すのである。

こうして8年間、受理を拒否し続けたのである。

## ●アメリカ・フランスへの抵抗

朝鮮の内部がどうなっていたのかというと、少数ではあったが「開国論」を唱える者もいた。「富国強兵を実現するためには、外国との修好と通称を通じて、西洋の発達した文明を受け入れるしかない」との考えからだった。

しかし、日本とおなじように大部分は「外国人が入れば乱暴狼藉を働くに違いない」との考えから開国には反対だった。日本と違うのは、日本では過去に外国人がそのような蛮行を働いたことはないが、朝鮮半島の場合は、国の歴史がそのまま他国からの蹂躙の記録

※明治維新
幕藩体制を解体して統一国家の建設に向かう政治や経済など社会全体におよぶ変革過程のこと。当時「御一新」といわれ、社会の刷新を多くの人が期待した。

なのである。外国人に対する偏見は日本と比べ物にならなかった。

皇帝の哲宗が1864年に死去すると、わずか12歳の高宗が即位。父親の興宣大院君※が摂政として実権を握った。彼が、外国勢力に対する強硬派の首魁であった。

5年後に、アメリカ商船・シャーマン号が大同江をさかのぼり平壌の羊角島までやってきて通商を要求。朝鮮側は退去を求めたが、シャーマン号は鉄砲を乱射し、小舟に乗って動向を監視していた朝鮮人を人質として監禁し、要求を押し通そうとした。

しかしシャーマン号は水位が下がったことで浅瀬に乗り上げ、座礁してしまった。これに対し朝鮮側は、火薬を積んだ船に火をつけシャーマン号をめがけて流した。シャーマン号は爆発炎上し24人全員が死亡してしまった。いわば朝鮮版「攘夷」である。

その2ヶ月後、朝鮮に潜入したフランス人の宣教師12人のうち9人がスパイとして逮捕され処刑される。残り3名は信者の協力で清に脱出し事件が発覚したのだ。

フランスは早速報復を決意。軍艦7隻2000人を江華島へ派遣し、謝罪と賠償金、責任者の処罰、通商条約を結び開国することを要求したのだ。朝鮮は拒否したためフランスと朝鮮との間で戦闘が行われることとなった。

朝鮮にとっては初めての西洋との戦いである。朝鮮の武器は、日本で西洋に歯向かった長州藩や薩摩藩よりもさらに旧式であり、なんと15世紀頃の大砲を使用していた。

江華島を占領したフランス軍は首都・漢城制圧を目指して進んだが、地図が手に入らな

※興宣大院君（1820〜1898）
元来「大院君」とは直系でない国王の父に与えられる称号。歴史上3人が存在したが、多大な影響をもたらしたのは興宣大院君のみである。高宗の父として実権を振るった。

かったことから漢城付近で苦戦し、1ヶ月後、金・銀・穀物を略奪して引き返した。

フランスからシャーマン号事件の顛末を聞いたアメリカは、1871年に、軍艦5隻1230名を江華島へ送ってシャーマン号事件の謝罪と開国を求めたが、拒否されたため江華島を占領する。

大院君はフランスの時と同様に義勇軍を募集してアメリカ軍に立ち向かったが、装備に勝るアメリカ軍の前に230人全員が全滅してしまう。アメリカは1ヶ月後、食料や燃料が少なくなって引き返していった。

大院君は攘夷の決意を表明した「斥和碑《せきわひ》」を全国に建てて徹底的な抵抗を貫くが、こうした姿勢に危機感を覚えた皇帝・高宗の妻閔妃※に追放され、政権を閔妃一族に奪われてしまった。この政権は、どちらかといえば対日妥協派だったのだが、前述した日本の外交文書を受け取ることは拒否したのだ。

## ●江華島事件と日本による開国

1870年代の日本は、ロシアとの間に樺太問題、清との間に台湾問題を抱えていたが、いずれも5年後には解決し、国際関係が整備されていった。いつまで経っても形式にこだわり鎖国を続ける朝鮮に対し、明治政府の強硬派からは「征韓論」が巻き起こる。

清から「日本は朝鮮を攻撃する恐れがある」との文書が届くと、朝鮮は慌てて外交官・

※閔妃
(1851~1895)
李氏朝鮮26代王高宗の后。縁故主義と汚職、義父大院君との20年にわたる権力闘争と政局を混乱させた。1897年、明成皇后の諡号を受ける。

森山茂と釜山の倭館で会談を開いた。森山は「皇」「勅」の文字は、日本が用いる自国の称号であり国際的にも認められている称号であることを主張。ところが、洋式の大礼服を着ていたことが問題になりまたも拒否に及んだ。

その後、朝鮮政府はようやく文書の受理を決定するのだが、今度は森山が受け付けず、帰国してしまった。そしてその直後に「江華島事件」が起こる。

日本の軍監・雲揭号が水を求めて海岸に接近したところ、砲台から発砲を受けたのだ。いったん引き返すが、翌日から朝鮮との戦闘が始まる。朝鮮の砲台はすべて旧式で、小さなものばかり。最新式の大砲や銃を備えた日本軍とはまるで勝負にならなかった。島を壊滅状態にすると雲揭号に引き返した。

日本は「飲料水を求めただけなのに砲撃を受けたこと」「国旗を掲げていたのに砲撃されたこと」から、朝鮮に対し賠償を求めることを決定。翌年、黒田清隆※を全権大使に任命し、日本と朝鮮との間で不平等条約「日朝修好条規」を結ばせた。

中では釜山、仁川、元山の開港、治外法権の承認、関税の免除、日本貨幣の自由使用権を認めることなどが取り決められた。意外なことに、第一条に「朝鮮国ハ自主ノ邦」と朝鮮を清の支配を受けない独立国として承認している。朝鮮を藩属国と主張する清を、けん制する狙いがあったと言われている。その後朝鮮は、アメリカ、イギリス、ドイツ、フランス、イタリア、ロシアなど欧米諸国とも開国通商条約を締結したのだった。

---

※黒田清隆（1840〜1900）
第2代内閣総理大臣。在任中、大日本帝国憲法の発布があったが、条約交渉に失敗して翌年辞職した。

# 18 【壬午軍乱と甲申事変】閔妃と近代化を巡る対立

## ●閔妃という女性

朝鮮が開国するより昔、大院君は息子・高宗の妃を探していた。できるだけ自分に従順な娘が良い。そして妻・閔氏《びんし》の実家の紹介で一人の娘の存在を知る。父母兄弟姉妹がおらず、非常に賢いと親戚の間で評判の15歳。彼女が閨秀《けいしゅう》、のちの閔妃であった。

大院君は彼女を気に入って妃としたが、この時はまだ「賢い」※ということが〝諸刃の剣〟だとは知らなかった。

さて夫の高宗はといえば、酒色に溺れ側室の李氏を寵愛する暗君であった。しかし閔妃はいっさい愚痴をこぼさず礼儀作法を守ったことから、宮中の賞賛を集めていた。

しかし李氏に男子が誕生すると、閔妃の不満と嫉妬が爆発し、本性を現し始める。

---

※賢い
朝鮮専門家であったアメリカのジョージ・トランブル・ラッド博士は、閔妃について「頭は良かったが朝鮮の玉座にとって恥となるほど最も残酷な人物である」との評価を下している。

彼女はまず、大院君に追放された有力な両班を抱え込む。次に、大院君が閉鎖※に追い込んだ書院の儒学生を味方にすることにも成功。さらに、大院君の攘夷政策に反対していた開化派勢力の一部をも勢力に取り込んだ。

大院君は、まさか閔妃が自分に歯向かうことなどこれっぽっちも考えていなかった。しかし気付けば周りが親・閔妃勢力で固められていたのだ。こうして前述した通り、大院君は失脚し高宗の新政が始まるわけだが、酒色に溺れる彼に統治能力があるはずもなく、閔妃とその一族に実権を握られてしまった。

閔妃は閔氏一族を政府の要職に就け、基盤を固めた。また、自分が李氏より先に産んだ子どもを跡継ぎとして清に認めてもらうため、莫大な資金を費やした。

閔妃と伝わる写真

さらに世子の健康と王室の安寧を願って「巫堂ノリ」という呪術的な儀式を毎日行わせたり、金剛山に国庫の6倍以上の額を布施したりと、やりたい放題。国家財政は破綻状態となる。

もちろん苦しむのは民衆である。

閔妃がさまざまな名目で捏造して新しい税を創設して取り立てるため、人々は大院君政権を懐かしく思うようになった。

※閉鎖
当時の儒者は思い上がって民衆に負担を強いていたため大院君の書院整理は民衆には好感をもって迎えられていたという。

## ●壬午軍乱

開国した閔妃は、日本に約60人からなる「紳士遊覧団」を派遣して視察させ、軍制を日本式にすることを決めた。日本に学んで近代化しようというのである。

1881年には強健な80人を選抜して新式軍隊である「別技軍」※を編成。日本公使館所属の堀本礼造工兵少尉を教官として迎え、訓練に励んだ。別技軍は制服・装備・給与、なにもかもが他の朝鮮軍よりはるかに優遇されていたので、朝鮮軍兵士たちは倭別技と呼んで軽蔑していた。

別技軍への優遇はさらに続く。当時は閔妃による浪費が原因で国家財政は破綻寸前、軍に対する軍料（米）の遅配が起こる。その期間はなんと13ヶ月に及んだが、別技軍に対してはただの一度も遅延がなかったのである。朝鮮軍の不満は増大するばかりであった。

翌年にようやく軍料が配られたのだが、その量は規定の半分であり、砂や籾殻で水増しされて腐っていた。兵士たちは今までの怒りを爆発させ、暴動を起こして軍料の配布係を袋叩きにした。

配布係は閔氏一族の閔謙鎬の下僕だったため、兵士たちは閔謙鎬の屋敷にもなだれ込んで、器物を手当たりしだい壊して、財宝を略奪。ただではすまないと思った兵士たちは閔妃に追放された大院君を担ぎだした。復権を狙っていた大院君は、好機とばかりに兵士たちを扇動し、事態はさらに悪化した。

---

※別技軍
1881年に日本の協力で設立された朝鮮の新式軍隊。壬午軍乱後、廃止された。

反乱軍と化した兵士たちは、閔氏政権と、それに結びついた日本を打倒しようと日本公使館を包囲し焼き打ちにしてしまう。堀本少尉は殺害され、花房義質《よしもと》公使は命からがら漢城を脱出し小舟で海上に逃げる有様であった。

反乱軍のもとになった「別技軍」の兵士たち

翌日、反乱軍は景福宮※になだれ込み閔妃殺害を企てる。閔謙鎬をはじめとする閔氏一族を次々と殺害し、憎き閔妃に迫るが、彼女は一足早く景福宮を抜け出していた。今では「国母」と呼ばれることもある閔妃だが、実は朝鮮人に暗殺されそうになっていたのだ。

こうして政権はすんなり大院君に移行するかに思われたが、そこは曲者の閔妃である。ただでは転ばない。夫・高宗に密書を送り、密使を清に派遣するように指示した。

政変を知った清は大軍を派兵して大院君を天津に連行して監禁してしまった。明らかな主権侵害であるが、当時は宗主国と属国の関係である。

朝鮮は王ですら、清が認めなければ即位できなかったのである。こうして閔妃は再び政権に返り咲いた。

---

※景福宮（けいふくきゅう）李成桂によって1395年に建設された朝鮮王朝の王宮。無学大師の風水によって場所が決められ鄭道伝によって景福宮と命名された。

当初は日本の力を借りた閔妃政権だったが、反乱の鎮圧に清国の力を借りたことで、急速に清よりの政権になっていく。一方、公使館を焼かれ将校が殺されて納得がいかない日本は、朝鮮側の謝罪と、賠償金50万円の支払いを求め、さらに「済物浦条約」※を結び、公使館警護のための日本軍駐留を認めさせた。一連の紛争を「壬午軍乱《じんごぐんらん》」と呼ぶ。

## ●甲申事変

「壬午軍乱」以後、閔妃に従っていた開化派は分裂した。閔妃や穏健的な開化派は清に接近し、その後ろ盾のもとでぜいたくな暮らしをしたため、民衆はまたも疲弊した。これに反発する金玉均らの急進的な開化派は「このままでは朝鮮に未来はない」と日本を頼ろうとした。

金玉均は１８８１年に日本に渡り、あの福沢諭吉に接触している。日本はこの急進開化派を支持し、「壬午軍乱」で失った朝鮮での影響力を復活させようとしていた。金玉均は閔氏一族を王の周りから取り除き、開花を推進する政府を樹立する計画を立てる。

当然、クーデター以外に方法はない。

このクーデターには日本公使の竹添進一郎が協力を約束していた。ベトナムを巡って清とフランスが戦った「清仏戦争」が始まると、漢城に駐屯していた清兵の半数１５００人は漢城を後にした。

---

※済物浦（さいもっぽ）条約
１８８２年、壬午軍乱で日本公使館が襲撃されたのを理由に済物浦（仁川）で締結された条約。

1884年、これをチャンスと見た開化派は好機と見てクーデターを決行。閔台鎬《びんだいこう》らを処断し政権を握った。

「清からの独立」を宣言し、新しい政策を発表した。

ところが、閔妃から要請を受けた清はソウルに滞在する1500人の兵士を出動させる。金玉均を支援し、日本公使館の護衛にあたっていた兵は140人足らずだ。竹添は「日本軍の精鋭をもってすれば、清軍を撃退するのは簡単だ」などと豪語していたというが、多勢に無勢で守りきれないと見たのか、兵を引いて日本へ逃げ帰ってしまう。

この騒動を「甲申事変《こうしんじへん》」と呼ぶ。

金玉均らも竹添について日本へ亡命した。これによって、朝鮮での日本の影響力は失われてしまった。急進開化派の熱心な支援者だった福沢諭吉はこの出来事に失望し「亜細亜の悪友を謝絶せよ」と説く『脱亜論』※を「時事新報」に掲載して、日本国民の清への敵愾心をあおった。政府は慌てて「時事新報」を発行停止にしたのであった。

---

※脱亜論
1885年、福沢諭吉は「時事新報」紙上に発表した評論。アジア諸民族との連帯を放棄し、西洋の文明国と同じ態度を持ってアジア諸民族と接することを主張。

# 19 日清戦争前夜　東学党の乱

【日本と清の間で利害が対立】

## ●したたかに立ち回る閔妃

これまで見てきたように、政権に力がない朝鮮半島では、次第に日本と清との間で主導権を巡り対立が深まっていく。清がたびたび実力で介入したため、「甲申事変」の翌年には伊藤博文が全権大使として清の天津《てんしん》に赴き、最高実力者・李鴻章※と「天津条約」を結び、日清両軍が朝鮮から撤退すること、再派兵の場合は事前に通知をすることなどを決めた。

閔妃の政権は軍備の近代化をはかるため、清ではなく先進国のドイツに教えを乞うことにした。しかしアメリカが急成長していると知るや、今度はアメリカ式に変更。アメリカ人を教官とする士官学校を開き、洋式の学校、電信線を配置した。

この開化政策はまたしても財政に大きな負担となり、政権はお馴染みの増税を実施してしまう。いよいよ生活に困窮した民衆は蜂起するのだが、その中心にいたのが「東学党」

---

※李鴻章（りこうしょう）（1823〜1901）
清末の科挙官僚。直隷総督、北洋大臣などを歴任。19世紀後半以降の対外交渉のほとんどに関わった。現実的な人柄で、彼の周りには外国人や西洋通が集まってきたという。

であった。日清が全面衝突するきっかけになった出来事を詳しく見てみよう。

## ●東学党の乱

まず、この「東学党」とは何者なのか？

独自の教義で広い支持を集めた東学党の指導者を描いた絵画

彼らは崔済愚[※]が1860年に結成した、宗教結社である。東学とは朝鮮伝統の儒教とも、西洋のキリスト教とも違う独自の宗教であり、非常に教義が単純であることから民衆の支持を集めていた。

3年後には崔済愚が処刑されてしまうものの、「甲申事変」以降、宗教弾圧が緩んだため再び組織化されていったのだ。

閔妃の政権は相変わらず一族だけが繁栄する政治だったため、財政危機は放置されたままだった。特権階級の両班は未だに農民から過酷な税を取り立て、輸入品を買うなどのぜいたくをしていたのだ。

次第に農民たちは、自分たちが飢え、疾病、重税に苦しむ諸悪の根源は両班にあると考えるようになる。

※崔済愚（さいせいぐ）（1824～1864）1860年頃、東学を興したが、民衆を惑わすものとして処刑された。

1894年2月、東学の幹部である全琫準※は、東学党と農民で軍を結成し、「世直しと外国の排除」を掲げて蜂起した。全琫準は悪徳両班を襲って、奪った穀物を平等に農民へ配る。開国以来、朝鮮は貿易を列強から強要され、農産物が海外に流出していた。海外に売れる工業製品などがなかったため、貿易収支は朝鮮の大赤字となり、不足した農産物の価格は上昇し、手に入らない農民がほとんどだったのだ。

また奴隷の一種であった「奴婢」の身分の者たちも解放を求め反乱に加わっていた。

当然、朝鮮政府は鎮圧に乗り出す。アメリカ式に訓練された新式装備の軍隊の初陣である。ところが、火縄銃と竹槍で武装した東学軍に、いとも簡単に打ち破られてしまった。これは東学軍が組織的に訓練されていたことよりも、政府軍の士気の低さが原因だろう。

彼らには満足に給料が支給されておらず、逃亡する兵も多かった。

東学軍は各地の悪徳両班を追放しながら、全羅道の州都・全州を目指す。そして、李氏朝鮮発祥の地とされている全州を制圧し全州城を占領。この結果を受け、またも閔妃は清に東学軍の鎮圧を要請する。

要請を受けた李鴻章は「朝鮮が属国であることを内外に示す絶好の機会」と捉え、280の兵を派兵。漢城の南方80キロの牙山に陣を構える。同時に天津条約に従い、日本へも通知した。

日本も「公使館の警備」を名目に、すぐさま朝鮮半島へ出兵を決意する。日本は清を上

※全琫準（ぜんほうじゅん）（1854〜1895）
地方官僚の暴政に対して決起した農民軍を指導。東学党の乱を引き起こした。日本軍によって捕えられ、朝鮮政府によって処刑された。

回る歩兵2個連隊、騎兵、砲兵、工兵、野戦病院、兵站部など8000名で独立して戦うことのできる軍団だった。名目はあくまでも「公使館警備」と「居留民保護」である。

**●全州和約**

朝鮮政府は日本の出兵通知を受けて抗議するが、日本はこれを突っぱねて仁川《じんせん》に上陸し、漢城まで進んで陣を敷いた。閔妃は呼んでもいない日本軍の進駐に危機感を募らせる。漢城に日本軍、牙山に清軍が駐屯する状況は、政府だけでなく東学軍にも緊張を与えた。日清両軍の緊張感の高まりを恐れた朝鮮政府は、東学軍に交渉を持ちかけて和解し「全州和約」を結んだ。

「不正を働いた役人は罪状を明確にして厳罰に処すること」「不良な儒教徒と両班をこらしめること」「奴婢文書を焼き捨てること」「土地は平均に耕作させること」など27カ条からなる。

和解が実現した東学軍は全州城を引き払って故郷の村に戻って行った。すんなり事態が収束したのは、その頃が農繁期だったため、帰郷を願う人が増えていたこともある。

しかし、奴隷身分が解消されて人の持ち物ではなくなった奴婢や賤民などは、東学軍に残るしかなかった。彼らは全羅道一帯で「執綱所」※という自治機関を設け、朝鮮史上初めて農民による自治を実現するのだった。

※執綱所
執綱所では、農民自身の手による弊政改革が推進され、全羅道一円には一種の二重権力的な状況が生まれた。

## ●日本軍による景福宮占領

「全州和約」が成立したため、日本軍も清軍も、朝鮮に駐屯する理由がなくなった。当然、朝鮮政府は両軍に撤兵を要求する。しかし、日本軍は撤兵しなかった。出兵には多額の予算がかかっている。このまま何の利益も得ずに日本へ帰ったのでは、当時の伊藤博文内閣が崩壊しかねないからだ。

一方の清は、日本と戦争するつもりはなかった。軍備の面で不安を抱えていたからだ。李鴻章は日本と戦うため「北洋艦隊」を編成し、1885年に戦艦の定遠と鎮遠を就航させていた。両艦は日本海軍を圧倒するスペックを誇っていたが、それ以降は新鋭艦が一隻も就航しなかった。

というのも、当時の清の権力者は、閔妃に勝るとも劣らない〝悪女〟の代名詞、西太后※である。彼女のために北洋艦隊の予算が毎年流用されていたのだった。特に1894年は、数えで60歳になる誕生日を盛大に祝うため、多額の軍費を流用していたのである。そのため砲弾や火薬が不足し、新鋭艦の建造どころか、訓練も満足にできない状況だった。

手土産が欲しい日本は、清に「共同で朝鮮の内政改革をしよう」と提案し、同意しないときは単独でやる旨を通知。こんな要求に応じるはずもなく、予想通り清は拒否してきた。

日本が単独で朝鮮に介入しようとした矢先、強敵が現れた。李鴻章の要請を受けたロシアが、仲裁に乗り出して日本に対して撤兵を要求してきたのだ。

---

※西太后
（1835〜1908）
清の咸豊帝の妃で同治帝の母。漢の呂后、唐の則天武后と並んで中国三大悪女といわれている。

引くに引けない日本は、東アジアでロシアと敵対しているイギリスに仲裁を依頼する。冬になると自国領の港が凍ってしまうロシアは、アジア進出の足がかりに「不凍港」を得る悲願があった。そうなると既得権益を脅かされるのがイギリスであり、ロシアが朝鮮半島を狙う動きを警戒していた。

イギリスは、清に「日本と共同で朝鮮の内政改革のための委員会を設置してはどうか」と提案するも清は首を縦には振らなかった。外務大臣・陸奥宗光※は清に絶交書を送付し、単独で朝鮮に介入し、改革することを決定した。

深夜に日本軍は宮殿の景福宮を取り囲み、銃撃戦の末に王宮守備兵を制圧し、王・高宗を捕虜にしてしまった。景福宮を占領した日本軍は、宮殿と漢城内の武装解除を行い、閔妃の一族を追放して、開化派を中心とした親日派の政権を強引に打ち立てるのである。

清では、光緒帝《こうしょてい》が日本の絶交書に激怒し、開戦の意思を李鴻章に伝えていた。日本海軍は、開戦を見越して長崎の佐世保港を出港。清軍の駐屯する牙山へ向けて南下していった。朝鮮半島を舞台とした日清戦争が始まろうとしていた。

---

※陸奥宗光
（1844～1897）
第2次伊藤内閣で外相を務めた。イギリスを相手に条約改正交渉をすすめ、日清戦争直前に日英通商航海条約の調印に成功した。

# 20 日清戦争と親ロシア派の台頭

【半島を巡る対立は新たな局面へ】

## ●長崎事件

日本政府が清と絶交に至るまでの過程は、強引な感が否めない。こういった進め方ができたのは日本国内で反清感情が高まっていたからだ。その端緒になった出来事は、韓国の歴史からはやや逸れるが、日本の歴史教科書にも載っていないことなので触れておく。

1886年、清国の北洋艦隊の4隻がウラジオストック※に航海した帰りに長崎に入港。前述したように定遠・鎮遠の2隻はドイツのフルカン社に発注して造らせた最新鋭艦で、日本海軍の関係者を圧倒した。

そこへ清国の水兵5人が遊郭で遊んだ際に暴れ、駆けつけた警官に暴行を加え逮捕されるという事件が起こった。逮捕者は清国領事館に引き渡されたが、2日後には、今度は清の水兵が巡査をからかい袋叩きにしてしまうという事件が起こった。

※ウラジオストック
「ウラジー」はロシア語で「領有・支配する」、オストックは「東」を意味する。数少ないロシアの不凍港である。

仲間が逮捕されたことに腹を立てた犯行である。応援の日本人警官と清の水兵との間で大乱闘となり、清の水兵は次々にかけつけ最終的に400人を超えたという。日本の警官も負けじと応戦し、それぞれに死傷者を出す大事件に発展していった。

明治時代には不平等条約を結んでいた国との軋轢ばかりに焦点が当たるが、対等条約を結んでいた国とでさえ、このような有り様だったのだ。この事件は日本の反清感情に火をつける。

日清戦争での日本陸軍の一斉射撃

**●日清戦争**

時計の針を戻そう。

1894年7月25日早朝、日本の連合艦隊の吉野※、浪速《なにわ》、秋津洲《あきつしま》は豊島沖で清国の巡洋艦・済遠《さいえん》、広乙《こうおつ》と遭遇。済遠が砲撃したことで「日清戦争」が始まった。

吉野が応戦すると広乙は大きく損傷し、浅瀬に乗り上げ、済遠も損害を出して全速力で逃げ去った。

陸上では、漢城を制圧後、「東学党の乱」で出張ってきた牙山の清軍と戦い敗走させる。日本が中国と戦うのは豊臣秀吉の朝鮮出兵以来ということになる。

※吉野
日清戦争時に活躍した日本海軍の防護巡洋艦。当時は世界最速の軍艦だった。日露戦争時に戦没。

清軍は平壌まで兵を退いて集結するが、日本軍はこれを総攻撃して勝利し、占領に至る。10月23日には、鴨緑江を越え清国領内に侵入して遼東半島の金州、大連を攻略しながら南下し旅順に到達。旅順は「難攻不落の要塞」と言われていたが、これに先立つ「黄海海戦」※で敗れていた清海軍は旅順港の制海権を喪失しており、日本軍の思うままに海上輸送ができるようになっていたため、簡単に陥落してしまった。

当初日本は、旅順攻略後に冬営する予定であったが、予定を変更し北洋艦隊の基地・威海衛《いかいえい》を総攻撃して完全占領した。因縁の北洋艦隊はこのとき全滅している。日本軍が天津、北京へ向かう動きを見せると、清は講和に応じることとなった。日本の陸海軍の練度は各国の想像以上であり、列強は新たな競争相手の出現を予感した。

**●下関条約**

１８９５年４月、日本の下関で、日本側は伊藤博文と陸奥宗光、清側は李鴻章を全権とする「下関条約（日清講和条約）」が結ばれた。内容は次の通りである。

一、清国は朝鮮の独立を認める
二、遼東半島・台湾・澎湖諸島を日本に割譲する
三、日本に賠償金２億両を支払う

---

※黄海海戦
黄海において、日本海軍連合艦隊と清国海軍北洋艦隊の間で行われた海戦。清国海軍は大損害を受けて制海権を失った。

## 四、沙市・重慶・蘇州・杭州を開港開市すること

朝鮮が望んだかどうかは別にして、この日本の勝利によって、ついに朝鮮は清の属国から解放され、独立を果たすことになった。有史以来、朝鮮半島に打ち込まれていた軛《くびき》が解かれた瞬間である。

これによって清は最後の従属国を失い、中国の帝国を中心とする「中華秩序」は崩壊したのである。

勝利した日本であったが、意外なところから圧力を受けることになる。条約締結のわずか6日後、ロシアはフランスとドイツに呼びかけ、日本に対して遼東半島を返還するよう勧告してきたのだ。

有名な「三国干渉」※である。

日本は「日英通商航海条約」を結んだイギリスが介入してくれることを最後の望みとしたが、介入する意思がないと知るや、干渉を受諾した。

三国干渉に屈服したことにより、東アジアにおけるロシアの優位が明らかとなり、朝鮮半島では再び日本の影響力が失われていく。

今度は閔妃はロシア公使のカール・ヴェーバーと急速に接近し始める。清、日本、アメリカ、また清と来て次はロシアである。節操がないとはこのことだ。

---

※三国干渉
三国干渉をはねかえせなかった日本は還付報奨金3000万両と引きかえに遼東半島を清に返還した。

## ●乙未事変とクーデター

朝鮮には当初、明治の元勲のひとり、井上馨が公使として赴任していた。

彼の役割は日本主導の朝鮮改革であったが、朝鮮政府内で親露派が台頭したことによって実現は難しくなった。閔妃はロシアを後ろ盾として、日本の干渉を一切許さず、日本から導入した新制度や軍隊も排除してしまったのだ。

事件が起きたのは理知的な井上公使に代わって、1895年に※三浦梧楼陸軍中将が赴任してからだ。大物外交官から、外交素人の武官への交代である。何か事件が起こりそうな人事異動だが、果たして彼は朝鮮国内の恐ろしい計画に加担することになる。

クーデターに見せかけて閔妃を暗殺してしまおうというのだ。10月7日から8日未明にかけて、日本軍守備隊、日本の公館職員、朝鮮兵2個大隊、朝鮮有志の一団、日本居留民などが合流して景福宮に侵入。

日本軍は王宮を警備していた第一訓練隊、近衛の侍衛隊を銃撃戦の末に打ち破ると、王宮を占領してしまった。そして、ついに閔妃を殺害し、遺体を王室の外に出して焼き払ってしまったのだ。

この蛮行の主体が誰であったのかは、襲撃に様々な集団が参画していることから分かるように、判然としない。閔妃に追いやられていた大院君が相当なところまで関与していた可能性が指摘されている。これを「乙未事変《いつびじへん》」と呼ぶ。

---

※三浦梧楼
（1847～1926）長州藩出身。軍人・政治家、のち陸軍中将。韓国公使在任中、閔妃殺害事件を起こした。のち無罪となり、大正期政界の黒幕として暗躍。

日本側は「大院君が朝鮮の軍隊と起こしたクーデターに対し、国王の依頼を受けて鎮圧したまでだ」と主張したが、王宮内にいたアメリカ人侍衛教官とロシア人技術者に、王宮侵入から閔妃殺害までの成り行きを目撃されていたのだ。彼らはありのままを証言したため、日本は国際社会から大きな批難を浴びることになったのである。

日本政府は、沈静化を図るため三浦公使を解任して召還。三浦公使と閔妃殺害に関与した軍人8人を軍法会議に、48人を広島地裁で裁判にかけたが全員「証拠不十分」で無罪となった。

暗殺後、大院君が執政に擁立され親露派を一掃。日本に協力的な金弘集※内閣が組織された。同内閣は日本公使と日本人顧問官の指導の下、次々と改革の勅令や、法律を公布していった。軍制改革、税制改革、小学校令の制定と公布、太陽暦の採用、一世一元年号の使用、断髪令などである。

一方で、両班や儒学者たちで構成される衛正斥邪派《えいせいせきじゃ》（身分秩序を守り、外敵を排除しようという思想）は「国母復讐」を叫び、政権打倒をめざし挙兵した。運動は各地に広がり、朝鮮政府は鎮圧のため漢城から各地へ出動したため、漢城の軍が手薄になってしまった。「乙未事変」で政権から追われた親露派の李完用《りかんよう》らは1896年、この隙を突いてロシアのヴェーバーとはかり、ロシア水兵の協力のもと、高宗父子を景福宮から連れ出しロシア公使館へ移し新政府を樹立し、国王親政を宣言してしまったのだった。

---

金弘集（きんこうしゅう）（1835～1896）
李王朝時代末期の政治家。慶尚北道慶州市出身。「壬午の軍乱」後の済物浦条約には全権として日本と交渉、「甲午農民戦争」以後は日本勢力を利用して領議政となって改革を断行したが、親露派に殺された。

# 21 【日韓併合の端緒】日露戦争　朝鮮から列強を駆逐

## ●大韓帝国

一国の国王が外国の公使館に避難し、そこから命令を下すという前代未聞の事態が朝鮮では1年近く続いた。これを「露館播遷《ろかんはせん》」という。国民は国王がロシア大使館に逃亡したと捉えていた。

日清戦争で日本が勝利して朝鮮の独立が認められると、朝鮮では「属国自主」から「独立自主」への動きが高まった。清の使節を出迎えるための迎恩門と慕華館《ぼかかん》は壊され、跡地に独立門※と独立館を完成させた。

とはいえ、いくら独立を叫んでも国王である高宗自身がロシア公使館に滞在していては独立を認める国などあるはずがない。宮殿への帰還を何度勧められても、高宗は首を縦に振らなかった。

※独立門
韓国が自主独立国家として歩みだすことになった記念として、清への服属の象徴であった迎恩門を壊し、そのすぐ隣に建設された。

高宗は1年後にようやくロシア公使館を出る決意をする。しかし、行き先は景福宮ではなくロシア公使館の隣の改修した慶運宮《けいうんきゅう》であった。ここはイギリス大使館も隣にあるため各国公使館に囲まれた名ばかりの宮殿であった。

1897年8月、清の年号ではなく新たな元号「光武」を施行。10月12日には皇帝に即位した。自らの判断で皇帝に就き、国号も明がつけた朝鮮から「大韓」と改め大韓帝国の成立を宣布したのだ。有史以来初めての、中国からの呪縛と無縁の政権である。

**●義和団事件**

日清戦争で清が日本に敗れ「眠れる獅子」の称号が幻だとわかると、列強は続々と中国に進出していく。日本への多額の賠償金支払いに苦慮する清に貸し付けを行い、見返りに租借地や※鉄道の敷設権、鉱山の採掘権を獲得していった。

ロシアによる満州と遼東半島、イギリスによる威海衛、ドイツによる山東半島、フランスによる広州湾の租借によって、清はあっという間に反植民地状態になってしまう。国内では、外国人排除の気運が高まっていった。

初代大韓帝国皇帝となった高宗

※鉄道の敷設権
ロシアは満州北部に「東清鉄道」を建設。満洲里からハルビンを経て綏芬河へと続く本線と、ハルビンから大連を経て旅順へと続く支線からなる。

１８９９年、韓国で「東学党」が蜂起したように、清でも白蓮《びゃくれん》教の流れをくむ民間宗教の義和団が「扶清滅洋」※を唱え山東省で蜂起。すると、一般民衆も加わって北京、天津を支配下に収めてしまった。義和団は教会、駅舎、鉄道を破壊し乱暴狼藉を働いていく。あろうことか、清の実権者である西太后まで義和団を支持した。

日本、イギリス、アメリカ、ロシアなどの列強8ヶ国は居留民保護のため軍隊を派遣。実際に宣教師をはじめとする外国人が多数殺害されていたため、この派兵は正統性があった。しかし、この行為に怒った西太后は列強に宣戦布告したため、暴動から戦争へと発展していった。数では勝る義和団であったが、最新鋭の武器を備える列強に素手で立ち向かうため、相手にならず鎮圧されてしまった。

西太后は光緒帝を連れて西安に逃れたため無事だった。

ロシアは義和団事件以降も撤兵せず、満州を占領してしまった。ロシアの野心むき出しの行為に危機感を持った日本は、イギリスと「日英同盟」を結んで対抗する。

しかし、ロシアはシベリア鉄道を完成させると、満州から撤兵するどころか韓国との国境に防御線を構築し始めたのだった。「不凍港」を求めて南下するロシアが、朝鮮半島に進出するのはもはや時間の問題であった。

## ●日露戦争の勃発

※扶清滅洋（ふしんめつよう）
清朝を助け、西洋を討ち滅ぼすという意味。欧米勢力の進出に反対して民族主義者が用いた標語。義和団のスローガンとなった。

日本はイギリスを味方につけたため、ロシアに強硬に臨むかと思われたが、「満韓交換論」を提示して韓国進出を食い止めようとしていた。ロシアの満州での現状と権益を認める代わりに、日本の韓国での権益と出兵を認めさせようというものであった。

ロシアが提示してきた案は、北緯39度線で韓国を分割し、それぞれの勢力下に置くことだった。日本がこれを呑んで妥協していれば、今でも北朝鮮はロシアだったかもしれない。朝鮮半島全域がロシアになっていた可能性もある。不凍港をいったん手に入れれば、ロシアが絶対に手放すことはないからだ。不凍港の沿海州※が、未だに中国に返還されないのを見れば明らかだろう。しかし、日本は拒否し開戦を決意した。

日本とロシアの開戦が目前に迫ると韓国は中立を宣言するが、あまりにも遅かった。日本とロシアはもとより、アメリカも承認しなかった。

1904年2月8日、仁川沖で遭遇した日本とロシアの艦隊が交戦、同じ日には、旅順港のロシア艦隊を夜襲した。2日後には日本から宣戦布告し、「日露戦争」が始まった。

開戦直後、仁川に上陸した日本軍は漢城へ入城。韓国に対し「日韓議定書」に調印させ、日本の軍事行動の自由と、軍事上必要な地点の収容権などを認めさせた。8月には「第一次日韓協約」も結び、日本政府推薦の財政顧問と外交顧問を韓国政府内に設けた。

日本は旅順攻略に力を注ぐが、「日清戦争」の時とは打って変わって難攻不落の要塞となっており、まったく歯が立たなかった。日本軍には「日清戦争」時代の地図しかなく、

---

※沿海州（えんかいしゅう）
ロシア連邦の南東端、日本海に面する地方。沿海地方、プリモルスキー地方ともいう。州都はウラジオストック。1860年の清国との「北京条約」によって、ロシア帝国の領土となった。

近代的な要塞への攻撃も初めてだった。コンクリート製で頑丈な要塞から放たれる十字砲火に、日本軍の犠牲者は増えるばかりだった。

しかし「二〇三高地」の攻略をきっかけとして、多大な犠牲者を出しつつも、年明けすぐに旅順が陥落。同じ月、ロシアでは「血の日曜日事件」※が起こり、ロシア全土がストライキに入ってしまった。「ロシア革命」の兆しが見え始めたのである。

これを追い風に、日本は3月に「奉天会戦」で辛勝。ロシア軍を退却せしめたものの、陸軍に追う力は残っていなかった。同じ時期に、日本が講和斡旋を依頼していたアメリカのセオドア・ルーズベルト大統領が仲介に乗り出す。しかしロシアのニコライ2世は、バルト海からはるばる3万キロを回航させていた、バルチック艦隊の勝利に期待をしていたため、これを拒否。

しかし東郷平八郎率いる連合艦隊はこれを「日本海海戦」で壊滅状態に追い込み、日本は圧倒的な勝利を収めた。また、「戦艦ポチョムキンの叛乱」など自国内の混乱が深まったこともあって、ようやくロシアは講和に踏み切ったのだった。

## ●ハーグ密使事件

アメリカのポーツマスで日本、ロシアによる「ポーツマス条約」が調印され、「ロシアは日本に対し韓国における優越権を認める」ことが明記された。ロシアは韓国から完全に

---

※血の日曜日事件
1905年1月22日、ロシアの首都ペテルブルグで起こった、労働者たちへの発砲事件。発端は司祭ガポンの組織する官製労働組合員の解雇事件で、これに抗議するストライキが波及して大騒動になった。

手を引かざるを得なかった。

韓国に日本の敵がいなくなった1905年、「第二次日韓協約」が結ばれ、韓国を統治する統監府が設置され、伊藤博文が初代統監に就任。これによって韓国の外交権は消滅し日本の保護国となったのだ。

日本は同じ年に「桂・タフト協定」をアメリカと結んで同国のフィリピン支配を、「第二次日英同盟」を結びイギリスのインド支配を容認することで、列強の友好国に韓国支配を承認してもらうことも忘れなかった。

もはや高宗に日本を防ぐ力はなかったが、最後の抵抗を見せる。

1907年に、オランダのハーグで行われていた万国平和会議※に密使を送り、「第二次日韓協約」の無効を訴えようとしたのだ。しかし、外交権がないことから受け入れられなかった。この事件で日本は激怒し、高宗を退位させたうえで「第三次日韓協約」を結ばせた。これによって、日本は内政権を奪って軍隊を解散させ、司法、警察権をも掌握した。

朝鮮の近代化を、韓国民に任せて良いのか――日韓の併合は目前であった。

※万国平和会議
ロシア皇帝ニコライ2世の提唱で開かれた国際平和のための国際会議。軍縮については成果を得なかったが、国際紛争平和的処理条約、毒ガス使用禁止宣言などが採択された。

# 第四章 ● 日韓併合 日本の一部となる

# 22 【あの元勲は併合に反対だった】伊藤博文の暗殺と日韓併合

## ●各国の植民地事情

1905年に結ばれた「第二次日韓協約」は国際法上合法的に結ばれたものだが、韓国の8人の閣僚のうち、親露派から親日派に転じた李完用※外部大臣ら5人が賛成し、3人が反対した。そして全権大臣である朴斉純《ぼくせいじゅん》が署名し保護国になったのだった。このとき、賛成した5人は現在でも「乙巳五賊《いっしごぞく》」と呼ばれ、〝国賊〟とされている。

しかし、実は高宗自身は保護国化に賛成だったようだ。韓国の史料『日省録《にっせいろく》』や『承政院日記《しょうせいいんにっき》』などから知ることができる。前述した「ハーグ密使事件」は、保護国となり自分の権力が制限されたことに立腹し起こしたものだった。

保護国のまま権力を維持するなど、通常はあり得ないが、高宗の認識は甘かったのだろう。結局、事件は失敗に終わり、内閣総理大臣になっていた李完用以下の閣僚全員から退

※李完用（りかんよう）（1858～1926）朝鮮の政治家。親日派官僚。科挙に合格してから外交畑を中心に進み、渡米2回。金弘集内閣を倒したクーデターによって成立した親露政権では外務大臣となる。

位を迫られ、皇太子の純宗※が即位することになる。

高宗が退位することで近代化が進んだかというと、そんなことはなく、朝鮮半島に巣食っていた汚職や賄賂が横行し改革は進まなかった。そんな中で、「日韓合邦」を主張する「一進会」という組織が会員を増やしていく。

**●一進会とは**

彼らは「韓国が外国に支配されず、近代化して民族が生存するためには、日本との合併もやむなし」と説く組織である。一体何者だったのだろうか？　一進会の前身は朝鮮の開化派であり、1889年に高宗の弾圧で地下に潜った独立協会のメンバーたちだ。

大韓帝国皇太子と写真に収まる伊藤博文

彼らは日本に亡命するなど散り散りになったが、日本が「日露戦争」を始めた1904年に復活し「維新会」という名の独立教会を設立。日本の明治維新をモデルとした朝鮮の近代化を目指し、創設の2日後には「一進会」と改名している。

同じ頃、前述した「東学党」の後継団体である「進歩会」が登場して勢力を拡大していた。積極的に断髪を行い、洋装を取り入れ黒い服を着てい

※純宗（1874〜1926）
朝鮮王朝の第27代国王。父は高宗、母は閔妃。父がハーグ密使事件を契機に日本によって退位させられて即位。「韓国併合」後は「昌徳宮李王」と呼ばれた。

たため、目立つ存在であった。彼らは民衆の支持を受け会員数を伸ばしていく。

実は進歩会は、「日露戦争」中に約5万人の東学党員を動員し、日本軍の鉄道敷設建設工事や弾薬の搬送などの兵站業務を手助けしている。中には、満州まで出かけてロシア軍の動きを探ってきた者もいたらしい。

1904年12月には、その進歩会と一進会が合同総会を開き合流・合併。李容九《りようきゆう》を会長とする巨大政治団体「一進会」が誕生した。これを日本が支援していくことになる。

「第二次日韓協約」が締結され、伊藤博文が朝鮮の初代統監に赴任した日、一進会は南大門に「歓迎」の垂れ幕を掲げ、その赴任を歓迎した。

## ●韓国併合条約

当の初代統監・伊藤博文は、韓国併合には反対だった。いつか自立してもらうために、一時的に保護しているという考えだ。しかし国王は世界情勢に疎く、なかなか近代化が進まない。「日露戦争」で勝利しロシアが撤退したといっても、油断はできない。いつまた世界最後の〝空白地帯〟である韓国が狙われるか分からなかった。そうなれば海を挟んだ日本も危機に陥ることになる。

しかし、1909年、その博文がハルビン駅で民族活動家・安重根※に暗殺されるという悲劇が起こる。数発の弾丸を胸部に受けた博文は、犯人が朝鮮人だと知ると「そうか、馬

※安重根
（1879〜1910）
朝鮮の独立運動家。日本の朝鮮侵略の動きに対し、1907年頃から義兵運動を展開。ハルビン駅で初代韓国統監伊藤博文を暗殺して翌年処刑された。

鹿なやつだ」と一言発してから絶命したという。

この事件移行、「政情が不安定なままでは、近代化を進められないばかりか、日本の安全まで脅かされる。日韓併合は不可避だ」とする世論が日本を駆け巡るようになる。

一方の韓国でも暗殺1ヶ月後の12月4日、一進会が大韓帝国2000万人の国民を代表し、100万会員の名義で「日韓合邦」を要求する合邦声明書を発表する。さらに、純宗皇帝に対しては上奏文、李完用首相にも日韓合邦の請願書を提出した。

こうして1910年、日本と大韓帝国が合併する日がやってきた。8月18日、首相・李完用が純宗皇帝に対して、「日韓併合に関する条約」を結ぶことについて、昌徳宮で奏上。純宗はこれを承認。その後、閣議にはかられた。反対したのは学部大臣李容植ただ一人で残りは全員賛成した。

8月22日、昌徳宮において純宗皇帝が李完用総理大臣と寺内正毅[※]統監によって日韓併合条約が調印されたのだ。イギリスやアメリカなどの列強国も承認した。

内容の一部を紹介しよう。

第一条　韓国皇帝陛下は、韓国全部に関する一切の統治権を完全且永久に日本国皇帝陛下に譲与す。

第二条　日本国皇帝陛下は、前条に掲げた譲与を受諾し、且全然韓国を日本帝国に併

---

※寺内正毅
（1852〜1919）
政治家で陸軍大将。長州藩出身。第一次桂内閣に入閣。以降は陸軍大臣を歴任。1910年には初代朝鮮総督。1916年には内閣総理大臣となってシベリア出兵を断行した。

合することを承諾す。

第六条　日本国政府は前記併合の結果として、全然韓国の施政を担任し同地に施行する法規を遵守する韓人の身体及び財産に対し十分なる保護を与え且その福利の増進を図るべし。

## ●欧米列強の植民地支配との比較

ここまで日本の韓国に対する植民地支配の経緯を見てきたが、こうした過程は他の列強と比べてどうだったのだろうか？

大きく括れば、古くは、スペインやポルトガルによるラテンアメリカの侵略があり、帝国主義の時代になると、欧米列強によるアフリカやアジアの侵略が始まる。

いずれも、最初から武力によって進出し、侵略先の地域では鉱山の資源を収奪したり、プランテーション※で商品作物を強制栽培させて先住民を支配・搾取している。

1910年近辺を見ると、インドネシアではオランダによる強制栽培制度が1917年まで続いていた。田んぼやイモ畑をつぶしてプランテーションを開き、コーヒーやサトウキビを生産させたため、インドネシアでは慢性的な食料不足となり定期的に飢饉が発生し、多くの国民が命を落とした。

ベルギーが支配するコンゴでも過酷な支配が行われていた。国王レオポルド2世による

※プランテーション
大規模工場生産の方式で熱帯、亜熱帯地域の広大な農地に大量の資本を投入し、先住民や黒人奴隷などの熱帯地域に耐えうる安価な労働力を使って単一作物を大量に栽培する大規模農園のこと。

カカオやゴム、象牙の収奪は過酷を極めた。ノルマを達成できない住民には暴力の嵐が襲い、多くの犠牲者を生んだ。レオポルド2世が即位した1865年に2000万人いた人口は、1911年には850万人まで減少していることからも、いかに過酷だったかがわかる。

他にもイギリスは、南アフリカで行われた「ボーア戦争」※の際、オランダ系ボーア人を支援した原住民を収容所送りにしている。収容所は劣悪な環境であり命を落とすものが多く、正式な数は不明であるが、およそ3万人が命を落としたといわれている。

アメリカでは「マニフェスト・ディスティニー（明白な天命）」という名のインディアン強制移住制度を作り、インディアンを不毛の地に追いやって土地を奪った。

こうした政策に対し、日本は韓国に対して強制栽培制度も強要しておらず、住民虐殺もせず、強制収容所も建設せず、移住も強要していない。併合の手続きも戦争の勝利による強制ではなく、国際法に基づき合法的に行われたものだ。贔屓目を抜きにしても、欧米列強の植民地政策と、日本のそれは一線を画すものだったと断言できよう。

※ボーア戦争
19世紀末から20世紀初頭にかけて、南アフリカの支配を巡りイギリス人とボーア人の間で行われた戦争。

# 23 総督府統治の実態 教育制度篇

## 【日本領土としての朝鮮】

### ●併合されてどうなった？

「日韓併合条約」を結んだことによって、朝鮮半島は日本領土となった。日本政府にとっては琉球・台湾・南樺太に次ぐ領土編入となる。朝鮮半島の行政と軍事を担当し、統治する機関こそ「朝鮮総督府」※である。

韓国の歴史教科書では、朝鮮総督府の統治は韓国国民に地獄の苦しみを与え、「国王」「主権」「土地」「国語」「姓名」「命」「資源」（合わせて「七奪」という）を奪ったと教えている。日本では「日本は朝鮮の人々のアイデンティティを奪った」という否定的な評価から、「日本は国費を使って朝鮮を急速に近代化させ、戦後の発展の基礎を作ってやったのだから感謝すべきだ」といった肯定論まで幅広い。

一体、なにが本当なのだろうか？

※朝鮮総督府
大日本帝国時代に日本が朝鮮に置いた植民地統治機関。「日韓併合」を契機に韓国統監府と韓国政府の諸機関を統合し完全なる植民地支配に適するように改編されて10月に創設された。

ここでは韓国側が主張する「人類史上最悪の植民地支配」を行った（アフリカや東南アジアの人が聞いたら怒られそうだが）とされる朝鮮総督府について、「絶対善」論にも「絶対悪」論にもとらわれることなく、事実と史料に基づいて正確に描いていきたい。

在りし日の朝鮮総督府ビル

## ●朝鮮総督府とは

まずは、朝鮮総督府について詳しく見ていこう。

総督を頂点とし、その補佐役の政務総監のもとに、中央には総監官房および財務、内務、殖産、農林、法務、学務、警務を置き、別に所属官署として逓信局、内枢院、裁判所、監獄を置いていた。

巨大な組織であり、役目が多岐にわたっていたことがわかるだろう。

また、国家予算を使って鉄道、道路、電気、上下水道、病院、学校などのインフラ整備も担当していた。

1926年には、景福宮内に朝鮮総督府庁舎が完成。その際、景福宮の正門光化門は取り壊される予定だったが、※柳宗悦らの強い反対運動で壊されず東門に

※柳宗悦（やなぎむねよし）（1889〜1961）美術研究家。東京帝国大学卒業。雑誌「白樺」創刊に参画。東洋大学の教授として宗教学を講じつつ民芸運動を提唱。漢城に朝鮮民族美術館を開設。また東京駒場に日本民藝館を設立する。

移された（後に「朝鮮戦争」で消失）。

総督府の庁舎は1995年、金泳三大統領の命令で撤去、解体され現存していない。

## ●朝鮮の教育とハングル

次に、総督府が特に力を入れた教育制度などについて見ていこう。

日本は江戸時代、「日新館」や「明倫館」などの藩校や、「鳴滝塾」「適塾」などの私塾が設立され多くの人々が手厚い教育を受けていた。また庶民の教育機関として寺子屋があり、江戸末期には全国で実に4293校が運営されていた。マシュー・ペリー※をはじめ、日本を訪れた外国人は日本人の識字率の高さに驚愕したという。

明治時代になると、1872年に学制が公布され、男女とも学ぶ義務教育が実現。数年後の1878年には就学率41%、1902年には90%を超え、世界最高の識字率を誇った。

朝鮮には、日本の寺子屋に該当する「書堂」があり、漢文、詩文、書道を教わることができた。開国移行、書堂は増加し、日韓併合後の翌年には全国で約5000校があったとされる。

しかし、書堂への就学率はわずか7%に過ぎず、大多数の朝鮮人は教育にありつけていないのが実情だった。韓国といえばハングルだが、書堂でハングルは教えていなかったのだろうか？

※マシュー・ペリー（1794〜1858）
アメリカ海軍の軍人。父と2人の兄も海軍軍人。江戸時代に艦隊を率いて鎖国をしていた日本へ来航し、開国への交渉を要求したことで知られる。

李氏朝鮮が高麗時代の文化の否定を目的として、仏教などを弾圧したことを覚えているだろうか？　実はハングルもその流れで誕生したものであった。

しかし、この頃は保守派から諺文《オンモン》と言われ蔑まれていた。科挙の試験や公文書には一度も使われることがなく、宗主国への服従の意味もあって、李朝10代目の燕山君《えんざんくん》の頃に使用を禁止してしまった。

あの福沢諭吉※は自らの「慶応義塾」に留学生を受け入れるとともに、自ら朝鮮の歴史と文化を学ぶ。そして「朝鮮の近代化のためにはナショナルな言語が必要」としてハングルに着目し、漢字とハングルの混合文を提唱した。さらに彼は築地の活版所でハングルの活字を私費で作らせたのだ。

福沢の弟子の井上角五郎は、その活字を使って金允植《きんいんしょく》とともに、漢字ハングル混合文で書かれた官報『漢城周報』を、1886年に発行。史上初のハングルによる公文書である。

また朝鮮総督府時代には『朝鮮語読本』や『朝鮮語辞典』を発行している。

本格的な朝鮮語辞典はこれがはじめてだ。普通学校の教科書に『朝鮮語読本　巻二』を採用したことにより、ハングルが急速に広まったとされている。

このように、朝鮮総督府がハングル普及に一役買ったことは間違いないのだが、現在の韓国や北朝鮮では、そのように教わることはないのである。

※福沢諭吉
（1835〜1901）
蘭学者、作家、啓蒙思想家、教育者。慶應義塾の創設者である。新聞『時事新報』を創刊した他、マスメディア、政治、外交分野で積極的な活動を見せた。

## ●朝鮮総督府による教育

「総督府は日韓併合直後から、朝鮮語を禁止して日本語で授業を行っていた」と教える教師が今もいるが、これは間違いである。

前述したように、むしろ総督府はハングル※使用を推進している。

学校は日本語常用者のための小学校と、朝鮮語常用者のための普通学校の2種類があった。そして日本人、朝鮮人ともどちらの学校に通っても良いことになっていた。普通学校の教科書もハングルで書かれていることはいうまでもないが、編纂は朝鮮総督府が担当し発行したのだ。

総督府は本土同様に教育に力を入れ、併合以前の統監府時代から学校建設を行っている。併合当時は100校程度しかなかった公立小学校は、1936年には「一村一校」を達成。終戦間際には5000校を突破したという。併合直前、6年以上の教育を受けた朝鮮人は2・5％に過ぎなかったが、1930年代に生まれた人は78％が小学校以上の教育を、17％が12年以上の教育を受けていたという。

なぜ、これほどの学校を朝鮮に造ったのだろうか。それは、琉球や台湾、北海道と同じように植民地ではなく日本領土と見なしていたからにほかならない。朝鮮人でも日本語を教える小学校に通う人はおり、1942年には5656人だった。現在でもアメリカンスクールに通う日本人が数多くいることを考えれば、そう特殊なことではない。

---

※ハングル
ちなみにNHKで放送されている韓国語講座は「ハングル講座」と称しているが、これは韓国語を「朝鮮語」だと考えている在日朝鮮人の心情を配慮してのものであり、「ハングル語」という言語は存在しないので注意が必要である。

## ●警察と憲兵

江戸時代の日本は「切捨御免」や「仇討ち」が認められていたり、「三権分立」※の概念がないなど、現在の常識とはかけ離れた国だったが、一方で武士であっても盗みや殺人を犯せば処罰されていた。それが明治の世の中になると、国際基準に近付くべく三権分立を実現させ、憲法も持つようになった。

李朝時代の朝鮮はそれに輪をかけて非常識な社会であり、両班が常民から搾取して当たり前であった。酷いことに、両班が常民や賤民に対して犯罪を働いても、罪に問われることはほとんどなかったのだ。

しかし日本統治に伴い、警察署と裁判所が造られ法による統治を受けることになった。両班、常民、賤民の区別なく、法を犯せば平等に処罰される世の中になったのだ。

朝鮮の治安を担当したのは憲兵と警察である。

憲兵は軍の管轄で軍令によって行動する治安警察である。暴動などに対処するのが役目だ。警察は行政の管轄であり、警察本部長は日本人でも上司にあたるのは朝鮮人の知事だった。もちろん、朝鮮人の警察官も多数採用され任務にあたっていた。

朝鮮の治安状況はどうだったのかといえば、「犯罪が少なく平和でのんびりしていた」と総督府で官吏を務めていた西川清が証言している。日本人・朝鮮人の憲兵や警察の活躍が大きかったのではないだろうか。

※三権分立
三権すなわち行政権（法を執行する権力）、立法権（法を定立する権力）、司法権（憲法、並びに各種の法規を執行する権力）を分割することで、権力が単一の機関に集中することによる権力の濫用を抑止する仕組みのこと。

# 24 総督府統治の実態　農林制度篇

【創氏改名は強制ではなかった】

## ●総督府による土地調査

引き続き、総督府による朝鮮統治政策の実態を見ていきたい。本項では教育・警察制度に並んで代表的な、農林制度と創氏改名を取り上げる。

日韓が併合されると、さっそく総督府は土地調査事業に着手する。人口と産業、土地の正確な位置、所有関係を調査し、公平な課税をして正確に税金を徴収するためであった。李氏朝鮮時代は一度も全国規模の土地調査※を行わなかったため、総督府はこの作業に8年10ヶ月を費やすことになった。

総督府を悩ませたのは、土地の所有権を巡るトラブルの多さだった。郡守側に資料がほとんどなかったため、真偽の判然としない古い記録を持ち出してきて自分の土地だと主張する者が跡を絶たなかった。

※土地調査
大韓帝国を名乗った翌年1898年以降、全国規模の土地調査事業（光武量田）を実施したのだが、日露戦争が起こると中断されてしまった。

当時の朝鮮には、法律の有効期限を示す「時効」※の概念がなく、数百年前に遡って故事来歴を調査しなければならなかった。この事業に費やした金額は、当時のお金で約２０００万円、現在の金額に直すと約1兆円にのぼっていた。

そうして朝鮮にも日本の登記制度を導入し、すべての土地で等級、種類、地形、位置、大きさ、所有者を確定し登記したのだ。

日本が一大工業都市に発展させた興南の様子

当然、所有者による土地の売買も自由化されるようになった。なお、李朝時代の国有地と、所有者がはっきりしない土地は日本の国有地として接収した。これをもって「総督府は強盗だ」というのはいささか乱暴である。持ち主不在の土地は、どこの国でも国有地として扱われるはずだ。

現在の日本にもたくさんの国有地があるが、誰も強盗という人はいない。国有地となることで、勝手に森林伐採ができなくなるので森林の保護に繋がる。

また、朝鮮半島には火田民《かでんみん》という貧しくて土地も家も持たない人々がいた。山に火をつけて山火事を起こし、その山に蕎麦を植えて収穫したら、次の山に移る

※時効
日本では、鎌倉時代の御成敗式目の頃から時効の概念があった。

生活を繰り返すのだ。このような生活を続けてきたため、禿山が多く存在していた。そこで、総督府は火田民の定住化計画を立てた。新しい開拓地では火田民を優遇し、定住化させて徳農家にすることで山林を守ったのである。

## ●総督府による農業指導

江戸時代の日本は、竜骨車※や踏車《ふみぐるま》などの灌漑具《かんがいぐ》、干鰯《ほしか》や〆粕《しめかす》などの金肥《きんぴ》、備中鍬や千歯扱《せんばこき》などの道具が開発されていたほか、品種改良や灌漑の農業技術が飛躍的に進歩し、この分野ではアジアトップクラスの技術力を誇っていた。

日本の統治を受けることになって、朝鮮はそれらの農業技術を無償で使えることになり、李朝時代以来解消することがなかった慢性的な食糧不足が、少しだけ解消された。

朝鮮半島の主食は日本と同じく米である。そのため、水田耕作が安定しなければならない。だが併合当初の朝鮮半島の水田は、80％が雨水に依存していた。溜池やダム、貯水池がまったくなかったのだ。当然、収穫は安定せず天任せになる。

そこで1926年には「産米増殖更新計画」が施行され、灌漑設備の改良、肥料改良、冷害に強い種子の品種改良、農機具の改良など、全般にわたる近代化が断行された。

また、防水、灌漑、水力発電を兼ね備えた貯水池も朝鮮半島全土に設置された。

その結果、70％の水田が灌漑化され天任せから脱却した。

---

※竜骨車
農業用水を低地の用水路から汲み上げ、高地の水田に灌漑する木製の揚水機。中国で発明されたとされ、日本にも伝来した。その形状が竜の骨格に似るところからの命名。

しかし、韓国の教科書には「朝鮮総督府は全農地の40％を収奪した」と長い間、記述されていた。もちろんこの数字には根拠がなく、収奪しても何に使うのか不明である。最近の教科書からは除かれているが、以前の教科書を使用した大多数の成人は、全農地の半分近くが略奪されたと認識しているという。

## ●創氏改名の真実

次に「創氏改名」制度を見ていこう。

まずはじめに断っておきたいのは、「改姓改名」ではないということ。韓国人のみならず、多くの日本人が誤解している点だ。

時代が昭和に入って、日本が満州国を建国すると、満蒙開拓団※とともに多くの朝鮮人が満州へ渡った。満州国は五族協和（日・漢・蒙・満・朝）を謳っていたものの、同じ日本国民でありながら、朝鮮人は満州人や漢人に差別されていたようだ。これまで見てきたように、長年にわたって戦争をしてきた歴史があるから、互いに軽蔑し合っていたようで朝鮮人の開拓団はよく襲撃され、略奪、放火、殺害などの憂き目に遭った。

このような背景から、満州の朝鮮人から「日本名を名乗らせてほしい」との要求が総督府に届くようになった。1931年に万宝山《まんぽうざん》で多数の朝鮮人が満州人に虐殺される事件が起こると、満州だけでなく朝鮮半島からも要求が相次ぐようになった。

※満蒙開拓団
「満蒙開拓移民」のこと。1931年の満州事変以降、1945年の太平洋戦争敗戦までの期間に、日本政府の国策によって推進された中国大陸の旧満州、内蒙古、華北に入植した。

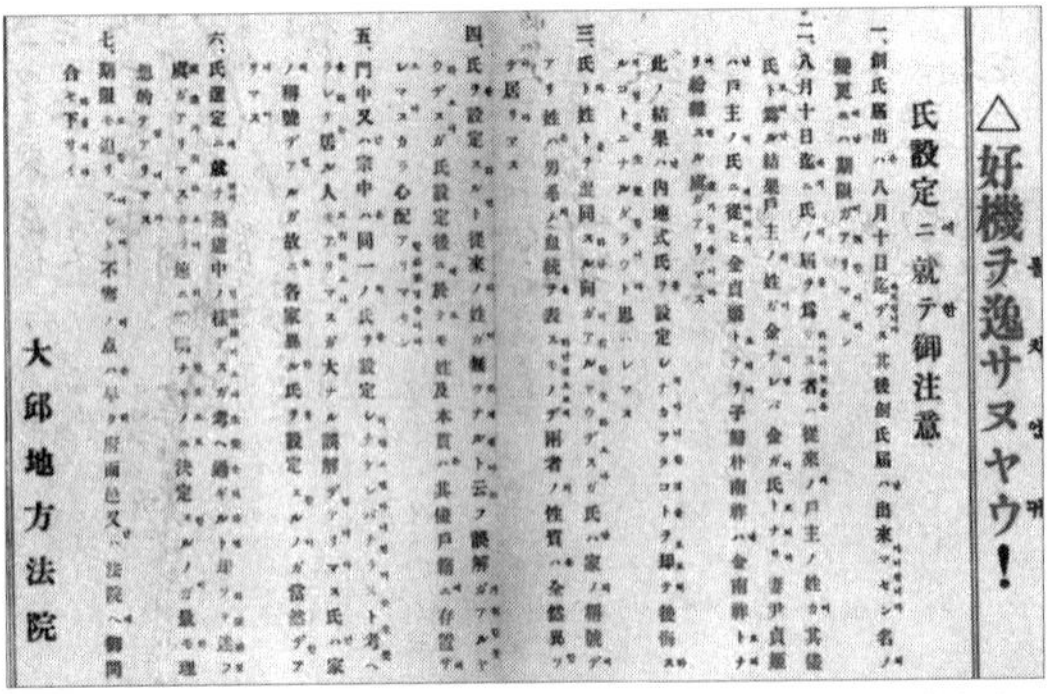

創氏改名を促す広告。広告が出ている時点で強制性はないと分かる

日本側が強引に押し進めたイメージがあるが、総督府内、特に警察からは創氏改名に反対意見が相次いだ。犯罪捜査に支障をきたすからだ。

長い議論の末、総督府は「内鮮一体」を目標としていたことから「日本名を名乗る権利を与える」ことを決意し、1939年に朝鮮戸籍法の改正を行う。

内容は、姓をあくまでも戸籍簿上に残し、新たに家族名の氏を創設、戸籍簿上は「姓」と「氏」の両方が記載されるというものだ。氏の創設期間は1940年2月11日から半年間に限られていた。希望しなかった人は、家長の姓がそのまま氏として記載された。

あくまで、これは姓のみである。名前は、本人が希望すれば裁判所に申請し、認められた場合のみ手数料を払って改名できたのだ。改名まで実施した人は20%ほどだった。

ちなみに、朝鮮の姓は一族を表すものであり、一生変わることはない。

女性が嫁いでも姓はそのままである。これは「夫婦別姓」※とは似て非なるものであり、欧米の夫婦別姓は父の姓、母の姓、別姓を自由に選択できるのに対し、朝鮮の場合は別姓

※夫婦別姓
夫婦別姓とは、婚姻時に両者の名字を統一せずに、夫婦の双方が婚姻前の名字を保持する婚姻及び家族形態。日本国の現行法制の下では認められていない。

以外の選択肢がなく、子どもはすべて父の姓を名乗らなくてはならない。

ところで、台湾でも、創氏改名にあたる「改姓名」※が同時期に実施されたが、約2％しか改姓しなかった。

この差はどこからきたのだろうか？　それは、日韓併合以前は、朝鮮に賤民階級が多かったからである。約40％が賤民の身分で、苗字も戸籍も持っていなかった人々である。彼らは日本名を名乗ることで、差別からの解放を願ったのだ。

※改姓名
こちらでも改名は強制されなかったが、日本式姓名を持つことが社会的地位の向上に有利に働く場合もあり、そうした台湾人は改姓名に応じた。

25

【平和的なデモか、暴動化か？】

# 日本植民地時代の抵抗運動

## ●朝鮮の独立運動

現在の韓国では、「日韓併合」時代の当初から抵抗運動が勃発し、総督府が苛烈な弾圧を行い、多くの救国烈士が殉難したことになっている。

確かに植民地支配を受けた国では地下に独立運動家が潜り、虎視眈々とチャンスを窺っており、それを察知した官憲が残虐な仕打ちをするというケースが多い。韓国の場合も同じことが起こっていたのだろうか？

話が逸れるが、昨今の日本では、戦前の日本軍の戦争犯罪を暴露した吉田清治※著『私の戦争犯罪』がフィクションだったことが認められた。一冊の本が決して解けない誤解を生じさせ、一国の国際的な名誉を失墜させたのである。

実は、韓国の教科書や日本の教科書の一部で引用している『朝鮮独立運動之血史』とい

※吉田清治（1913～2000）福岡県出身とされる文筆家。1980年代に太平洋戦争中に軍令で朝鮮人女性を強制連行したと明かし話題となったが、のちに創作を織り交ぜたことを告白した。その真意が来歴を含めて、未だ多くの謎が残る人物である。

う韓国の史料も、時代や数字に数え切れないほどの矛盾がある。

　本項ではなかなか実像が明らかにならない、日韓併合時代の独立運動・暴動について、正確な死者・逮捕者数、被害状況などから、詳しく解説していこうと思う。

日韓併合時代の漢城・南大門通り

## ●三・一独立運動

　1914年に始まり、世界中を巻き込んだ「第一次世界大戦」※終了後、アメリカ大統領のウッドロウ・ウィルソンは「民族自決」を提唱した。

　こうしてポーランド、チェコスロバキア、フィンランドなど、多くの独立国がヨーロッパに誕生する。

　これら新たな独立国は、ヨーロッパ諸国とロシアを分断する形で分布しており、資本主義国からは社会主義勢力の〝防波堤〟として期待されていた。

　つまり、白人のための民族自決であり、アジアやアフリカのことなど頭になかったのである。

　しかしその5年後、ウィルソンに刺激された日本在住の朝鮮人留学生は、東京神田の朝鮮基督教青年会館

※第一次世界大戦
オーストリア皇太子のフランツ・フェルディナントが、サラエボを訪問中にセルビア人の民族主義者ガヴリロ・プリンツィプにより暗殺された事件をきっかけに起こった世界規模の大戦。事件の当時国の対立関係に加え、それぞれの国の同盟・協商といった関係性が絡み、雪だるま式に戦火が拡大していった。連合国の勝利で集結した。

「三・一独立運動」のきっかけとなった高宗の葬儀

で決起集会を開き、「独立要求書」を日本政府に提出しようと話し合った。

そこでは文学者の李光洙《りこうしゅ》が起草した独立宣言文が朗読された。このことが朝鮮本土に伝わると、「東学党」を受け継ぐ「天道教」の教主も、有名作家の崔南善《さいなんぜん》に独立宣言書の作成を依頼した。

3月1日、漢城のパゴダ公園※で、宗教指導者33人が集結し、独立宣言文を読み上げる計画が進んでいた。指導者の内訳は、天道教が15人、キリスト教が16人、仏教が2人だ。実は仏教だけは宗教者ではなく、信者が入っている。

というのも、そもそも李朝時代は仏教が弾圧されており、日韓併合後はかえって動きやすくなって独立する必要がなかったのだ。民族代表としたかったため、お情け程度に入れただけである。

しかしこの計画が実行されることはなく、宗教指導者たちは、集合場所を公園から近くのキーセン屋敷（遊郭）泰和館に変更。特別室で独立宣言文を読み上げると、その後、女将に電話をかけさせ、さっさと自首してしまった。

※パゴダ公園
イギリス人顧問のブラウン設計による、朝鮮初の洋式公園。

翌日から、独立万歳を叫ぶ「万歳デモ」が行われるようになる。1月に死去した高宗の死が「日本の毒殺によるもの」との流言も流れたため、にわかに反日の気運が高まっていた。3月3日が葬儀の前日ということもあり、デモは全国に広がっていった。

宗教指導者たちは非暴力・無抵抗主義をとったものの、商人や労働者が加わると暴動に発展し略奪、殺人、破壊、放火が横行した。村の事務所、憲兵事務所、地主の家が標的とされて襲撃された。総督府は憲兵警察だけでなく軍隊を派遣して鎮圧しなければならなかった。いつの間にか併合によって特権を失った両班や旧軍人たちが暴動を主導していた。暴徒は朝鮮人も襲ったため、駐在所や憲兵事務所には保護を求める人々が後を絶たなかった。総督府は3ヶ月をかけて鎮圧。これが「三・一独立運動」の全貌である。

総督府の発表によると、デモ参加者はのべ106万人、死亡者553人、負傷者1409人。憲兵と警察官の死者は8人で負傷者158人だったという。これが、前述した『朝鮮独立運動之血史』の手にかかると、参加者は200万人、死亡者数は7500人、負傷者1万6000人と改変されている。

### ●朝鮮のジャンヌ・ダルク？

日本に対する抵抗運動のシンボルとして、韓国では知らぬ者がいないのが柳寛順※である。「朝鮮のジャンヌ・ダルク」とまで言われている。彼女の生地である忠清南道天安に

---

※柳寛順（りゅうかんじゅん）（1904〜920）朝鮮の独立運動家。梨花学堂在学中の1919年、「三・一独立運動」に参加。逮捕後、首謀者として懲役3年を宣告されたが、日本に裁く権利はないと獄中闘争を展開した。

独立記念館が建てられるほどだが、どんな人物だったのだろう。

彼女は貧しい生まれだったが、村に父が友人と一緒に教会を建てたことで運命が変わった。そのその教会に巡回伝導団がやってきたとき、女性宣教師のアリス・シャープが「聡明で活発な寛順を梨花学堂で学ばせたい」と言い出したのだ。家は借金まみれで余裕がなかったが、給費生に推薦されたために京城の梨花《りか》学堂で学ぶことができたのだ。

柳寛順が16歳のときに、前述した「三・一独立運動」が起こった。総督府は学校の休校を命じたため、彼女は故郷に帰るのだが、ここで自分も独立運動に加わろうと決意。キリスト教の伝道師とも相談し、4月1日に行動することを決めた。

当日、並川の市場に関係者が作成したビラを目にした群衆が集まった。キリスト教伝道師が独立宣言書を読み上げ、続いて柳寛順が壇上で演説を行い「自主独立国家であることを宣言し、独立を勝ち取るため万歳を叫びましょう」と呼びかけた。

興奮した群衆は暴動を起こして憲兵分遣所を取り囲み、警察に暴行を加えた。警察官は身を守るため発砲するも、囲みを解けなかった。やがて憲兵隊本部から数十人の救援隊が到着し、追って天安駐屯の日本軍の守備隊まで出動し、多数の犠牲者が出た。柳寛順の父母もこのときに命を落としている。

柳寛順は逮捕され、最高裁※で3年の刑を言い渡される（その後、半分に減刑）。西大門刑務所に収監された彼女は、独立運動一周年を記念した獄中デモを主導するなどして抵抗

※最高裁
控訴審裁判では裁判長と言い争いになり、裁判所の椅子を裁判長に投げつけるという事件を起こした。

し、罰室に監禁されたりした。そして釈放の2日前の1920年10月12日、息を引き取る。韓国の教科書や伝記では、「残酷な拷問により死亡し、遺体を切り刻まれた」とされており、中には「四肢を切断され石油缶に詰められた」などという記述もあるが、彼女に死装束を着せた欧米人教師のミス・ワルターは「彼女の遺体は切断されていなかった」こと、「綺麗に保管された体に服を着せたこと」を証言している。

こうして見ると「三・一独立運動」はその規模や弾圧の残虐さが誇張されて伝わっているだけではなく、両班や旧軍人といった日韓併合によって特権が奪われた人々の不満が発露した側面があったことがわかる。

柳寛順の一件にしても、まるで朝鮮の独立運動を主導したかのような扱いだが、その事跡を見れば分かる通り、彼女は一度アジ演説を行ったのみであり、その死についても日本の残虐性を強調することで、ナショナリズム※の高揚に利用されたことは疑いがない。

もちろん、独立運動に貢献した人々を讃え、日本を批難するのは当然のこととはいえ、史実は史実として見つめる眼も持って欲しいところである。

※ナショナリズムの高揚　1962年、韓国政府はその功績を認めて「建国勲章」を授与し、彼女は独立烈士と呼ばれるようになる。

第五章 ●

# 国家分断　戦後の朝鮮半島

26

【独立後もひとつにまとまれず】

# 日本統治の終わりと分断開始

## ●終戦時の朝鮮半島

1945年8月15日。36年に及んだ日本の統治が終わる日がやってきた。クーデターを起こして政権を転覆させたわけでもなく、革命軍が占領軍を追い出したわけでもなく、またしても朝鮮は占領国の敗戦によって解放の日を迎えることになった。

韓国では「独立運動家が上海に集結し、大韓民国臨時政府を樹立して光復軍※を組織、日本に宣戦布告して連合軍と連絡を取りながら独立運動を展開した。そして、中国軍やイギリス軍と連合して日本と戦い、ついに光復を勝ち取った」と教えられているのだが、日本と光復軍が戦ったことを裏付ける史料や、宣戦布告の文書、臨時政府が連合軍に承認された証拠はなにひとつ存在しない。

それもそのはず、終戦のその時まで、2国はひとつの国だったのである。

※光復軍
1940年、中華民国の支援のもと、重慶で設立された「大韓民国臨時政府」の軍隊。国家主義者と共産党員が混在しており、最後まで正式な軍隊になれなかった。

1948年8月15日、大韓民国の設立を祝う祝賀会を行なう人々

**●最適な環境が整っていた**

終戦直後、漢城ではアメリカ軍の到着まで、引き続き総督府が治安維持を担当することになった。軍隊、警察、組織が温存されていたため、平和そのものだった。

8月15日には日韓両国に信頼されていた独立運動家・呂運亨※が、安在鴻《アンジェホン》を副委員長とする「建国準備委員会」を立ち上げ、「朝鮮人たちよ、秩序を維持せよ。建国のために準備せよ」とラジオで訴えたことも、治安維持に大きく貢献した。

太平洋戦争で日本中が空襲を受け、焼け野原になっていたとき、朝鮮半島は戦場になっておらず、空爆も受けていない。

北部の羅津《らしん》、雄基《ゆうき》はソ連の侵攻を受けて占領されていたものの、ほんの僅かなエリアである。そして国中に日本が整備したインフラが張り巡らされていた。

新たな国作りをするには、最適な環境が整っているかに思えるが、周知のように現在の朝鮮半島は2つの国家に分断されている。

最後となる本章では、その過程を分析してみたい。

---

※呂運亨（ヨウニョン）（1886〜1947）朝鮮の独立運動家、政治家。日韓併合後に中国に亡命し、上海で「新韓青年党」を組織。来日して朝鮮独立を論じるなど急進的だったが、人柄に優れ、世界中に多くの知己を持った。戦後、李承晩派に暗殺される。

## ●米ソの思惑

日本が降伏した8月15日、朝鮮半島の北方の清津《せいしん》ではソ連軍との戦いが続いていた。

朝鮮がソ連の支配下に置かれ、共産化してしまうことを恐れたハリー・トルーマン大統領は、ヨシフ・スターリン書記長に対して「一般命令第一号」を送った。その内容は、「アメリカが単独で日本を占領する。沖縄もアメリカ軍が占領する。その代わり、朝鮮は北緯38度線で分割占領しよう」というものだった。

スターリンはこれに同意した。まだ朝鮮を占領しておらず、一週間しか対日戦に参加していないのにもかかわらず、朝鮮を半分占領できるのは悪い話ではなかったからだ。アメリカとしても、全土をソ連に取られるくらいなら半分でも確保しておきたかったのだ。

終戦日に設立された朝鮮の「建国準備委員会」の中心メンバーは共産主義者だったから、米軍進駐の報に接すると、9月6日には共産主義国家「朝鮮人民共和国」の樹立を宣言する。その直後にソウルに進駐してきたアメリカ軍は軍政を敷き、同国を承認しなかった。

朝鮮の南部においては、上海で「大韓民国臨時政府」を樹立した李承晩※がアメリカから、同じく設立メンバーの金九《キムグ》が中国から帰国。こちらでは自由主義者同士の政治的主導権をめぐる争いが激化していった。

1945年12月、モスクワでアメリカ・イギリス・ソ連による三相会議が開かれ、朝鮮では「米・英・ソ・中」によって最高5年間の信託統治を実施することが決定された。

---

※李承晩（イスンマン）（1875～1965）
大韓民国の初代大統領。独立教会の運動に参加し投獄された経験を持つ。アメリカで博士号を取得し、戦後は大韓民国設立に尽力。

民族主義者の金九や李承晩らはこぞって反対した。朝鮮共産党らの左派勢力は「信託統治※を受け入れれば、統一政府実現の可能性が残される」と考え、賛成の立場をとり、左右両派の対立は深まった。

アメリカは李承晩らに「モスクワ協定を遵守し協力せよ」と説得する。反対派は「モスクワ協定は認めないし、反対の立場であるが署名には応じる」と回答。しかし、ソ連はそれを許すはずがなかった。

1946年3月、米ソ共同委員会がソウルで開催された。左右両派が連合した「民主主義臨時政府」の樹立支援を目的としていた。しかし、モスクワ三相会議に反対する運動を行った政党や組織を認めないというソ連と、認める立場のアメリカとで対立が起こって決裂してしまう。

それでも両派に人望がある呂運亨を中心に、南北両勢力による臨時政府樹立運動が続いた。「米・英・ソ・中の4ヶ国で朝鮮を信託統治する」「その期間中、国家建設の条件作りと植民地遺制の一掃のため、民主的な朝鮮臨時政府を樹立する」ことなどを定めた「左右合作七原則」を発表し、なんとか分断の危機を回避しようとしたが、翌年に、呂運亨は右翼青年に暗殺されてしまい、合作運動は完全に頓挫してしまう。

一説にはこの暗殺は李承晩の差金とも言われている。

---

※信託統治
「第二次世界大戦」中に行われたヤルタ会談において、フランクリン・ルーズベルトとヨシフ・スターリンとの間で、すでに朝鮮半島分断の密約があったのではないかといわれていたが、後に公開されたアメリカ外交文書で否定された。

## ●済州島4・3事件

米ソ共同委員会が行き詰ると、アメリカは1947年10月、委員会を打ち切ってしまう。そしてアメリカ主導の国連総会で、「国連の監視の下で南北朝鮮総選挙を実施し、政府を樹立する」ことを決定したのだ。

しかし、ソ連が反対して、国連臨時朝鮮委員会の北緯38度線以北への侵入を断固拒否。朝鮮全土での総選挙は不可能となり、南朝鮮だけで選挙を行なうことが決まった。

単独政府樹立の動きに対し、南朝鮮内でも左右両派の対立が深まり、学生、労働者、農民によるデモやストライキが頻発した。

中でも激しかったのが済州島※だ。1948年4月3日、単独選挙反対を主張する左派と住民が武装蜂起したのだ。これは「共産主義者の蜂起」と見なされてしまい、鎮圧のために警察や軍が派遣されて徹底的な粛清が行われ、罪のない島民まで協力者だと疑われて大量に処刑されてしまったのである。

これに対し、南部の麗水《れいすい》に拠点を置く治安部隊が済州島鎮圧に出動せず、反乱を起こす。部隊ぐるみの反乱は隣の順天にまでおよんだが、なんとか鎮圧された。残存兵は山へ逃げ込んでゲリラとなったため、掃討作戦を実行された。

またしても、それに巻きこまれた多数の一般市民が命を落としたのであった。

事件が収束する1954年までに殺害された島人は30万人中8万人ともいわれている。

---

※済州島
朝鮮半島の南西海上にある大火山島。面積約1845平方キロメートル。観光地であり、アジ・サバが豊富に獲れる好漁場である。

また、人間だけでなく万を超える牛、豚、馬が犠牲になったという。

## ●大韓民国成立

こうした選挙をめぐる混乱が続くなか、アメリカは朝鮮問題を国連に持ち込む。

国連総会は「南北朝鮮総選挙」を１９４８年３月までに実施して政府を樹立することを決めた。１月には総選挙を監視するために設置された国連臨時朝鮮委員会（ＵＮＴＣＯＫ）が漢城へ到着。しかし、北朝鮮の左派はかねて反対していた通り、国連臨時朝鮮委員会の立ち入りを拒否。大惨事となった済州島を除く南朝鮮全域で単独の総選挙が実施され１９８人の国会議員が選出。もちろん右派勢力が多数を占めていた。

そして彼ら国会議員の間接選挙によって大統領が選出される。

初代大統領に選ばれたのは、ことごとく政敵※を排除してのし上がって来た李承晩であった。同年8月15日には、米軍のジョン・ホッジ司令官が軍政終了の宣言をしたのち、現在まで続く「大韓民国」が成立した。

---

※政敵を排除
宋鎮禹や張徳秀、呂運亨や金九など枚挙に暇がない。

# 27 【他の王朝の比較とともに】李王朝 王族たちはどうなった？

「大韓民国」が成立したところで、少々閑話休題。

日韓併合後も李王朝を支配していた李王家はどうなったのだろうか？

追放か、投獄か、はたまた処刑されたのだろうか。いずれも違う。

李王家がどうなったのかを紹介する前に、当時の日本において李王家がどのような位置付けにあったのかを見てみたい。比較として最適なのが、朝鮮より前に日本に併合された沖縄の琉球王国の尚《しょう》王家である。

## ●琉球王国処分

琉球王国の支配者尚氏は、1871年に日本が彼らの同意なしに「廃藩置県」※を一方的に行って琉球王国を鹿児島県の管轄としてしまったため、事実上併合されたような形になった。

※廃藩置県
1871年に行われた地方制度改革。全国の藩が廃止されて府県が置かれ、中央集権化が完全に達成された。

翌年には「琉球藩」を設置し、琉球王国の尚泰※を琉球藩主とするが、これはお互いの同意のもとに文書を交わして条約を結んだわけではなく、日本側が一方的に行っただけだ。納得のいかない尚氏は、上京の要請にも応えることなく、朝鮮の閔妃のように清に密使を送るなど抵抗を続けた。しかし1879年、本土から軍隊と警察官合わせて600人が送られ軍事的威圧のもと、いったん配置された琉球藩は廃止され（琉球処分）、王国は消滅してしまった。

抵抗した尚氏であったが、「お家断絶」することなく引き続き華族のままであった。尚泰は明治政府に東京移住を命じられたため、琉球処分後は東京で華族として生活。

1901年に華族のまま生涯を終えた。なお尚家の末裔は健在であり、家として今なお存続している。

とすれば、日韓併合後の日本は、李王家も華族として扱ったのだろうか。答えはノーである。

日韓併合条約3条に「韓国皇帝や皇族に対し相応の待遇や称号を付与する」と定めていたため、李王家は「殿下」と呼ばれ、華族ではなく「朝鮮貴族」または

高宗（中央）とその家族たち

※尚泰（しょうたい）（1843～1901）琉球王国最後の国王。尚育王の次男。即位後は内政・外交ともに多難を極めた。明治政府によって受けた「琉球処分」によって首里城の明け渡しを強要され、城を出た。

「王皇族」として扱われたのだ。つまり、主に明治維新で藩主ではなくなった名家が加わる華族ではなく、日本の皇室に李王家が加わったような扱いをされたのだ。帝国主義下の国において、このようなことは異例中の異例である。

### ●帝国主義のもとで

彼らが異例だとすれば、他国の旧王家はどのような道をたどったのか。

ミャンマー最後の王朝、コンバウン朝※は、「第3次英緬《えいめん》戦争」でイギリス軍に王宮を取り囲まれると、無条件降伏して滅亡した。マンダレーの黄金宮に入城したプレンダーガスト司令官は、ティボー王と王妃に対し、「45分後にインド西岸に出発するから、準備を整えろ」と威圧的な口調で言い放った。

保護国ではなく、植民地として編入するための措置だった。

覚悟を決めた王は、象か駕籠で都を出ることを希望した。コンバウン朝の王の乗り物は象か駕籠だったからだ。司令官はそれを認めず牛車で出ることを強要した。王と家族は多くのイギリス兵に囲まれたまま、牛車で都を後にした。

その後、イギリスの軍艦に乗せられると、インド西岸のボンベイ（現在のムンバイ）に移送され、そこで一生を終えている。

ハワイの例も見てみよう。1893年、かねてよりハワイ王室の転覆を狙っていた米

※コンバウン朝
ビルマ最後の王朝。アラウンパヤーが創始した。王都はイラワジ川中流のアヴァ。「英緬戦争」によって滅亡した。

国公使のジョン・スティーブンスは、米海兵隊でイオラニ宮殿を包囲、アメリカの息のかかった現地の共和政派が政庁舎を占拠し、王政廃止と臨時政府樹立を宣言する「ハワイ革命」が勃発した。

翌年、本国と同じ独立記念日の7月4日、臨時政府は共和国の独立を宣言。反対する王政派は反乱を起こしたが、新政府軍に鎮圧されてしまう。

国王リリウオカラニは、私邸やイオラニ宮殿から銃器が見つかったことから、反乱の首謀者とされ逮捕、幽閉されてしまった。※リリウオカラニは反乱で捕らえられた200人の命と引き換えに、女王廃位の署名をしたため、ハワイ王国は滅亡した。

さらにリリウオカラニは反乱に加担した罪で、5000ドルの罰金と5年間の重労働の刑を言い渡されてしまった。

紹介した2例は、まったく他国の王家に対して敬意がない処遇といえる。

### ●併合後の李王家

李王家の話に戻ろう。

併合当日の8月29日、日本は「朝鮮貴族に関する皇室令」を出している。李王家に敬意を払い、保護することを約束している。

---

※リリウオカラニ（1838〜1917）
ハワイ王国最後の女王。兄のカラカウアが王位に就くと、それを補佐し不在時は摂政を務めた。兄の死後に女王となり、アメリカ人に支配されていくハワイの政情に激しく抵抗したが、退位させられた。

第一条、本令により爵を授けられ又は爵を戴きたる者を朝鮮貴族とす
有爵者の享帝は朝鮮貴族の族称を享く
第二条、爵は李王の現在の血族にして皇族の待遇を享けさる者及門地は
功労ありたる朝鮮人に之を授く

総督府は、朝鮮王家の李王や皇太子に対し「殿下」と呼ぶことを義務付け、最大の敬意を表した。朝鮮最後の皇帝となった純宗は、「李王殿下」と呼ばれ、引き続き皇族として暮らすことができた。※

跡継ぎの李垠《りぎん》は李垠殿下と呼ばれていた。李垠は日本史の教科書によく掲載されている。伊藤博文と2人で写真に収まっている、日本の着物を着た小学生くらいの可愛い少年こそ李垠だ。

李王家には「李王家歳費」が、総督府から毎年150万円支給されていた。驚くべきことに、この金額は日本のどの宮家に支給される皇族費よりも多かったのだ。

1920年、李垠のもとに、皇族の梨本宮方子《なしもとのみやまさこ》女王が15歳で嫁ぐことになった。皇族と一般人のご成婚は戦後の天皇陛下が最初であり、当時は皇族同士の結婚が普通だった。

李方子妃殿下には「日鮮融和の礎」としての使命が託されていた。

李垠は陸軍士官学校に入り、卒業後は陸軍士官学校教官、近衛歩兵第2旅団長を経て、

※暮らすことができた
もし、日露戦争でロシアが勝って朝鮮を併合していたら、このような待遇はまず得られることはなかったと思われる。

陸軍中将になる。朝鮮出身者としては最高位である。朝鮮半島出身で中将まで上りつめたのは洪思翊※と李垠の２人だけである。

## ●終戦後の李王家

終戦の年の４月、純宗が死去。王家の跡継ぎは陸軍中将の李垠のみであった。終戦時、垠と方子は東京に滞在していた。太平洋戦争で日本が負けたことで、朝鮮半島は誰のものでもなくなった。同時に李王家も日本の皇族ではなくなったのだ。

李垠は王の地位を失い、いち在日韓国人となったのだ。夫妻は韓国への帰国を希望したが、当時は大韓民国と日本は国交がなかったうえに、大韓民国の初代大統領・李承晩が王政復古を恐れ「日本の皇族になったのは祖国への裏切りである」と難癖をつけ帰国を許さなかった。李垠が帰国できたのは、ようやく許可が下りた１９６３年になってから。日韓国交正常化交渉が始まったことが影響していたといわれる。もちろん方子もついて行った。波瀾万丈の夫婦生活となったが、２人の絆は固かったのだ。

方子は漢城で身体障害者のための慈善会を設立するなど、慈善事業に力を入れた。また、日本へ宮中衣装の返還要求を出すなど韓国のためにも尽くしている。方子は夫が亡くなってからも日本へ帰らず韓国で生涯を終えた。「韓国は私の永遠なる故郷。死んだら必ず夫の側に骨を埋めて」が口癖だったという。

---

※洪思翊（ホンサイク）（１８８９～１９４６）日本の陸軍軍人。軍人として非常に優れた才覚を示し、朝鮮出身者の日本陸軍軍人としては李垠中将と並ぶ地位にのぼった。太平洋戦争後、戦犯としてフィリピンで処刑された。本人は朝鮮の立場を「イギリスにおけるアイルランドのようなもの」と理解していたという。

# 28 【東西の代理戦争の場に】朝鮮戦争　独裁国家同士の激突

## ●2つの独裁国家

大韓民国（韓国）が成立した翌月、北緯38度線の北部に朝鮮民主主義人民共和国（北朝鮮）が誕生した。李承晩は長らくアメリカに亡命していたこともあって、反共産主義者だ。一方の北朝鮮の金日成※は、中国共産党員として満州で日本軍と戦っていた経験を持つ、生粋の共産主義者である。

まさに正反対の2人が両国のトップに立ってしまったのだ。この時点で、話し合いで一国に統一されることはなくなったと断言できる。何から何まで違う2人だが、ひとつだけ共通点があった。「武力による一国統一」を目指していたことである。

李承晩が常々語っていたのは「北伐統一」。「北を支配しているのは軍閥の金日成匪賊であり、これを討伐して国土を統一する」ということだ。対する金日成が口にしていたのは

※金日成（キムイルソン）（1912〜1994）朝鮮の政治家。1931年頃から中国東北地方の抗日ゲリラ闘争を指導する。戦後、朝鮮民主主義人民共和国の首相、朝鮮労働党委員長に就任した。

「国土完整」。南の傀儡政権を追い出し、人民を解放することを目指していた。

共通点はもうひとつあった。両リーダーともに、自分たちの武力を過信していた。こちらが行動を起こせば、すぐにでも武力統一が可能だと考えていたのだ。

韓国は1949年になると、3度にわたってアメリカに対して「北朝鮮を攻撃させて欲しい」と打診したが、すべて断られた。対する北朝鮮側も、ソ連に韓国攻撃の許可を申し入れるが断られている。

朝鮮戦争の「仁川上陸作戦」において揚陸作業を行うアメリカ軍

ヨシフ・スターリンとしてはアメリカと戦うことは避けたかった。なぜなら、原子爆弾の実験に成功したとはいえ、たったの2発しか持っていなかったからだ。状況が変わったのは、1950年になってから。

1月12日にディーン・アチソン国務長官が「アメリカが死守するのは日本、沖縄、フィリピンだ」と演説。これを聞いたスターリンと金日成は「韓国と台湾には干渉しない」というメッセージとして受け取った。

4月10日、スターリンは金日成に対し「毛沢東※の許可を取ってくれ」と注文をつける。5月に毛沢東の元

---

※毛沢東（1893〜1976）
中国の政治家。1921年の中国共産党創立に参加し、農民運動を指導。戦中は「国共合作」を提唱し日中戦争に勝利した。中華人民共和国を樹立後は国家・党首席を歴任し、文化大革命を提唱した。

を訪れて、しっかり許可をとった金日成は戦争の準備を始める。

一説によると、毛沢東は日本とは戦いたくないが、アメリカとは一戦交えたかったらしい。日本軍の強さを知る毛沢東だけに、慎重になっていたのだろうか。しかし、金日成が「日本軍は解体されているから来ない」と言うと「アメリカが参加するなら、我々も参加するか」と開戦に同意した。

朝鮮半島が東西両陣営の代理戦争の場となりつつあった。

**●朝鮮戦争勃発**

1950年6月25日未明、朝鮮人民軍は一斉に北緯38度線を越えて攻撃を仕掛けた。準備の整っていない韓国はなすすべもなく※、次々と占領されていく。2日後には、国民保導連盟員や南朝鮮労働党関係者の処刑が行われた。詳しい数はわからないが少なく見積もっても20万人ほどが命を失ったとされる。

あろうことか、李承晩大統領は3日後には漢城市民を棄てて南端の鎮海海軍基地へ逃亡。多くの漢城市民が虐殺された。韓国政府は大田に移され、さらに釜山にまで後退。

人民軍の勢いは激しさを増すばかり。ついに大邱《たいきゅう》と釜山を除く、すべての地が人民軍に占領されてしまった。このまま国際社会が静観していたならば、今頃朝鮮半島は丸ごと北朝鮮になっていたことだろう。

---

※なすすべもなく
韓国軍が連戦連敗した背景には、経験と装備の不足があったといわれている。北朝鮮はソ連軍や中国共産党に属していた朝鮮族部隊をそのまま北朝鮮軍師団に改変していて、あらかじめ高度な練度を持っていた。

## ●国連軍の参戦

事態を重く見たハリー・トルーマン大統領は、6月27日に、米軍に出動命令を出すと共に、国連安全保障理事会※で北朝鮮を批難。さらに翌日には武力制裁を決議し、国連軍の投入が決定された。安全保障理事会では拒否権が投入されれば決議できないが、当時の中国の代表は本土の毛沢東ではなく、アメリカ側の台湾の蒋介石であった。また、ソ連は欠席したため決議に参加しなかった。

国連軍は制空権を握ると、すぐさま空爆に移ったため、北朝鮮軍の進軍は止まってしまった。9月15日には、連合国総司令部のダグラス・マッカーサーが人民軍の横っ腹を突く奇襲作戦「仁川上陸作戦」を決行。

一気に補給路と退路を断たれた人民軍は総崩れになった。国連軍は漢城を奪回すると、北緯38度線まで人民軍を押し返した。10月7日、国連総会で自由選挙によって朝鮮半島に民主的な政権をつくることを宣言して、国連軍は北緯38度線を北上し、10月20日には平壌を占領。さらに一部は北上し鴨緑江付近まで進撃した。統一は目の前であった。

北朝鮮には2つの誤算があった。ひとつは国連軍の参戦。もうひとつは、進軍すれば、支持者が歓迎して大衆の蜂起が起こると思っていたが、不発に終わったこと。ともあれ平壌が陥落寸前になって、金日成はスターリンと毛沢東に泣きついた。

「一度はアメリカと戦わなければならない」と考えていた毛沢東は参戦を決定。米軍と激

※安全保障理事会
5つの「常任理事国」と、総会で選ばれる「非常任理事国」5ヶ国で構成される。理事国の代表である国連大使は、有事に備えてすぐに会合が開けるように、国連に常駐する義務がある。通称「安保理」。

突するとすれば朝鮮、台湾、ベトナムのいずれかだが、一番有利に戦えるのが朝鮮半島だと判断したのだ。いざとなればソ連との共闘も期待できる。

## ●中国軍の参戦

中国は10月19日から18個師団、26万人という大軍を朝鮮半島に送りこんできた。

国連軍の指揮を執るマッカーサーは、まさか中国が参戦してくるとは考えなかったようだ。彼は北朝鮮の開戦もないと踏んでおり、今回に限っては勘が鈍りっぱなしであった。

人海戦術で押し寄せる中国人民軍に苦戦した国連軍は、退却を余儀なくされた。12月には平壌が奪回され、翌年1月には再び漢城を中国軍に占領され、またしても大田付近まで追い込まれてしまった。※

マッカーサーはトルーマン大統領に中国本土の攻撃や原爆使用の許可を求めたが、トルーマンは応じずにマッカーサーを解任した。これは、「第三次世界大戦」の勃発を恐れるイギリスの反対があったからだといわれている。国連軍は態勢を立て直すと3月に漢城を再奪回。その後、両軍は北緯38度線付近でこう着状態となった。

## ●休戦協定

このあたりから、国連軍の北朝鮮に対する空爆は激しさを増した。

1951年6月、ソ連の国連代表ヤコフ・マリクは休戦交渉に入るよう提案。7月から

---

※追い込まれてしまった　中国軍がここまで快進撃を続けたのは、ソ連が中国に戦闘機ミグとパイロットを提供したからである。見た目は中国機だが操縦はソ連人だ。国連軍は陸上では中国軍と、空中ではソ連軍と戦っていたのだ。

国連軍・朝鮮人民軍・中国軍の三者による休戦会談が開かれた。李承晩大統領は休戦協定に反対していたため、交渉の場から外されていた。

休戦を望んでいたのは空爆に参ってしまった金日成の方だった。※2年にわたる休戦交渉は、1953年2月27日になって国連軍と朝鮮人民軍が、翌日には中国軍が調印してようやく成立した。

朝鮮半島は双方の占領地の境界線に軍事境界線が引かれ、そこから南北に2キロは非武装地帯（DMZ）とされ、東西に鉄条網が張られた。

これによって韓国と北朝鮮は〝世界一遠い隣国〟になってしまった。

また、この戦争によって1000万人の離散家族が生まれた。人的被害は推定であるが北朝鮮側が250万人以上、韓国側が100万人以上、中国人民軍が100万人以上、アメリカ軍が5万人以上とされている。

---

※2年にわたる休戦交渉　ここまで交渉が長引いたのは、捕虜の送還をめぐって対立したから。捕虜の自由意思の尊重を主張する国連軍に対し、元の国に送還することを主張する中国、北朝鮮が対立し譲らなかったから。

# 29 日韓国交正常化と基本条約

【止まらない李承晩の暴走】

●暴挙「李承晩ライン」

アメリカを中心とした国連軍の活躍で、なんとか漢城を死守することができた韓国。国連軍が介入しなければ、ベトナムのように半島全体が赤化統一されていたことだろう。「朝鮮戦争」ではまったく良いところがなく、国民から不信感をもたれた李承晩政権は、「反日」に舵を切ることで支持を回復しようと企てた。

まず対馬の領有を宣言したり、戦勝国としてサンフランシスコのオペラハウスで行われる、日本と各国との平和条約※調印会議に参加することを希望したりしたのだ。

そもそも韓国は日本と戦争をしていないのだから、参加できるわけがない。もちろんアメリカやイギリスからは「連合国が大韓民国臨時政府を承認した事実がない」ことや「第二次世界大戦中は日本に併合されており交戦していない」ことから拒否された。

※サンフランシスコ平和条約
「第二次世界大戦」後の平和条約で、日本国と連合国各国の平和条約である。この条約の発効により、連合国による占領は終わり、日本国は主権を回復した。

諦めきれない李承晩は、竹島[※]を韓国に帰属させることをアメリカに要望。またも李の要望は国務長官のディーン・ラスクからの書簡で却下されている。すると、1952年1月には、「李承晩ライン」を一方的に公海上に設定する。ラインの内側の水域で、漁業管轄権を主張して実効支配に踏み切った。竹島への不法占領が行われたのはこのときである。

1965年に「日韓漁業協定」が成立して廃止されるまで、拿捕された日本船は328隻、抑留された日本人は3929人、死傷者は44人にのぼった。

ダグラス・マッカーサーと初代大統領・李承晩

## ●李承晩の失脚

朝鮮戦争休戦以降の韓国は、アメリカに支えられながら国家予算の30%以上を軍事費につぎ込んだ。軍事の次に力を入れたのは工業だ。繊維の他にセメント、鋼棒、板ガラスなどを生産したが、1959年の工場数は、植民地時代の半分ほどだったという。

この当時、電力不足が深刻だった。全工場が稼働するのに必要な電力は40万キロワット以上であったが、19万キロワットしか生産できていなかった。

※竹島
島根県隠岐諸島北西の日本海上にある島。男島、女島のほか十数個の岩礁があって魚がたくさん獲れる。領土問題の渦中にあり、日韓における外交課題のひとつ。

そのため、工場の75％は短縮操業せざるを得ない状況だった。

後回しにされた農業はさらに深刻であり、米を除いて植民地時代の生産量を下回っていた。農業では暮らしていけない人々が続出したが、工業も不振だったために彼らを労働者として受け入れられなかった。農民の生活は困窮し、大統領は国民の7割以上を占める農民からの支持をまったく得られていなかったのだ。

１９６０年3月15日には、正・副大統領選挙が行われたが、野党・民主党※は「今回の選挙は不法であり無効」だと宣言した。

事前投票、三人組投票、代理投票で不正があったというのだ。

まずは民主党のお膝元・馬山《マサン》で「選挙無効」のデモが起こると学生が合流し、1万人に膨れあがった。警察が発砲したため8人余りが死亡、70人余りが負傷した。

これをきっかけに学生のデモは全国に広がっていく。

4月18日、ソウルの高麗大生が国会議事堂前で座り込みのデモを行った。

すると、ごろつきに襲撃され10数人が負傷する事件が発生。これを翌日の朝刊は写真入りで報道。翌日にはソウル大、高麗大、延世大、東国大などの名門大学の学生が国会議事堂前に集結した。大統領官邸まで「李承晩退け」と叫びながら行進し包囲したが、警官隊が発砲したため、１８３名が死亡、６２００名以上が負傷した。25日には大学教授のデモも起こる。もはや恐怖で押さえつけるには限界を過ぎており、ソウルを50万人が埋め尽く

---

※民主党
野党の大統領候補・趙炳玉が病気療養中だったことから、野党は「悲しみをおさめ、また戦場へ」をスローガンで国民に同情を訴えたが、与党は「ケチつけるな、建設だ」というスローガンで対抗した。

した。ついに李承晩はアメリカにも軍部にも見放され、退陣を表明して大統領を退いた。

## ●朴正熙大統領誕生

7月には、民議員選挙と参議院選挙が実施され、両院とも李承晩の自由党と対立する民主党が圧勝した。尹普善《ユンボソン》を大統領、張勉《チャンミョン》を国務総理とする民主党政権が誕生した。民主党政権の課題は、なんといっても破綻した経済を立て直せるかどうかだ。「経済第一主義」を掲げ「経済開発5ヶ年計画」を策定した。

しかし、経済事情はさらに悪化してしまい、首都周辺の工場の8割が操業停止に追い込まれる。翌年3月の推計の失業者は240万人にのぼり「職よこせデモ」が起きる。農村でも200万人近くが春窮状態だった。問題を何ら解決できない政権に対し、軍部の若手将校たちが不満を募らせる。

1961年5月16日未明、朴正熙《パクチョンヒ》少将に率いられた3600人の軍隊が首都を制圧。※全国に非常戒厳令を宣布し、「軍事革命委員会」が実権を掌握した。こうしてあっさりと軍事クーデターが成功した。それにしても、わずか3600人に首都を制圧される政権とは、貧弱と言わざるを得ない。

クーデターに参加した軍人たちは、民主共和党を結成して野党民主党と対立した。朴正熙は10月の大統領選で当選・就任し、第三共和国が始まった。

---

※首都を制圧
当時のアメリカはキューバ革命で成立したフィデル・カストロ政権の打倒に失敗しており、韓国どころではなく、またCIAが朴正熙を支持していたため、政変を容認するに至った。

## ●日韓基本条約と日韓国交正常化

国際社会に復帰した日本と韓国の国交正常化交渉[※]は、李承晩時代の1952年からスタートしていたが、いかんせん反日の大統領である。財産請求の面で無茶な要求を繰り返し、植民地支配に対する歴史認識の面で日本批判を繰り返し、決裂が続いていた。

朴正煕政権が誕生すると、どん底で破綻寸前の経済を立て直したい韓国と、東アジア地域の安定を望むアメリカ、輸出市場の確保を狙う日本の利害が一致したため、交渉が再開された。韓国の1961年度の国家予算を見てみると、約4割はアメリカからの援助で賄われ、軍事費は95％がアメリカからの援助という恐ろしいデータが残っている。

アメリカとしても、いつまでも自立しない韓国を支えきれなくなっており、日本に役割を押し付けたがっていたのだ。交渉は進んでいくものの、学生、知識人、野党を中心に大規模な反対運動も起こった。経済を立て直すためにはなりふり構っていられない朴正煕は、非常戒厳令を発して反対派を暴力で抑え込み交渉を進めた。

1965年6月、「日韓基本条約」が締結された。着目すべきは、次の二条。

第二条　一九一〇年八月二十二日以前に大日本帝国と大韓帝国との間で締結されたすべての条約及び協定は、もはや無効であることが確認される

第三条　大韓民国政府は朝鮮にある唯一の合法的な政府であることが確認される

---

※国交正常化交渉　戦勝国である連合国の一員であろうとする韓国は、かつて合法的に一体であった日本との交渉で一歩も退くことは許されなかった。国の位置付けに関わる問題だったのである。

「もはや」という文言があるのは、「日韓併合」が当初から無効だとする韓国と、大韓民国樹立後に無効となったとする日本双方が納得する玉虫色の表現を求めたからである。

また、「日韓請求権並びに経済協力協定」では、無償供与3億ドル、政府借款2億ドル、民間商業借款3億ドル以上の提供が決定した。

この当時の日本の外貨準備高は18億ドル、韓国は1億3000万ドルだった。この金額がいかに巨額かがわかるだろう。しかも1ドルが360円時代である。その他、日本が朝鮮半島に残してきた政府、軍、法人、個人の資産（建物、土地、預貯金、田畑など）はすべて放棄することとなった。

放棄した資産は、現在の価値に換算すると16兆9300億円にのぼるという。

こうして財産請求権問題※については「完全かつ最終的に解決されたこととなることを確認する」と明記された。日本の韓国に対する戦後補償は、国家賠償から個人補償に至るまで「完全かつ最終的に解決」したのである。

朴正熙は国交正常化を成し遂げたものの、右の点に関して国民に説明することを怠った。今なお両国が請求権に関して争っているのも、この時の韓国政府の対応が不十分だったことの証明であろう。

※財産請求権問題
他国に関して言えば、日本はフィリピンに対し5億5000万ドル、ベトナムに対して3900万ドルの賠償を行った。その他の条約当事国は日本に対する賠償請求権を放棄した。

# 30 【平和を愛する民族の蛮行】ベトナム戦争での戦争犯罪

## ●韓国人は平和な人種？

韓国はその歴史上、他国へ侵略行為を働いたことはほとんどない。これまで本書で述べてきた通りだ。よく韓国メディアは「朝鮮民族は平和を愛する民族だから、何千回侵略されようとも自ら侵略したことはない」と胸を張るが、どう考えても周りを中国とモンゴル、日本に囲まれて手が出せなかっただけである。それでもゼロではない。

唯一、朝鮮が単独で対馬を攻撃してきた※「応永の外寇」。モンゴル帝国とともに日本を侵略し虐殺行為を働いた、日本歴史上最大となる本土での対外戦争「元寇」などがある。

実はこの2つ以外にも、侵略行為に及んだことがある。アメリカと行動を共にした「ベトナム戦争」である。この戦いでの韓国軍の行為は、「元寇」の所業が霞むほど残虐なものであった。韓国とベトナムにはなんの因縁もない。なぜ今でも村々に石碑が残るほどの

※応永の外寇
1419年の李氏朝鮮による対馬攻撃事件。倭寇の侵略に悩まされ続けた朝鮮は根拠地覆滅のために1万7000の兵で対馬に侵攻したが、ほとんど目的を果たすことなく敗北した。

蛮行を働くことになったのであろうか。

**●ベトナム戦争とは**

ここで、ベトナム戦争の歴史について簡単に振り返ってみよう。

1945年、フランスの植民地支配下に置かれていたベトナムを、日本軍が解放した。フランス軍は武装解除して撤退していった。

日本はフエにバオ・ダイ皇帝を元首とした「ベトナム帝国」を樹立するが、敗戦とともに消滅。9月、ホー・チ・ミン※を主席とする、「ベトナム民主共和国」がハノイで樹立。東南アジア初の社会主義国となる。

一方、ベトナムを再び支配せんとするフランスは、サイゴンに「コーチシナ自治共和国」を建国してベトナム民主共和国と戦闘を開始する。

フランス軍は近代兵器の戦闘機や戦車でハノイを攻撃したためベトナム民主共和国政府はハノイを撤退して山岳地帯へ移動、ゲリラ戦を展開し始める。

南ベトナム解放戦線の拠点へ投下されたナパーム弾

※ホー・チ・ミン（1890〜1969）ベトナムの政治家。父は農民出身の文学者。ベトナム共産党創立者。北ベトナム国家主席として「ベトナム戦争」においてアメリカを敗北させた。

当初は楽観視していたフランス軍は思わぬ苦戦を強いられた。戦闘は長期化し、フランス軍の消耗が激しくなっていった。補給路が寸断され多数の死者を出したことから、1954年5月、ついにフランス軍の側が降伏した。

アメリカ、イギリス、中国、ソ連、フランス、ベトナム、ラオス、カンボジアが参加した「ジュネーブ会議」で、北緯17度線上のベンハイ川を軍事境界線と決定。ベトナム統一のために総選挙を行うことも決定した。しかし、共産主義政権が誕生すると予想したアメリカはジュネーブ協定にサインせず、北緯17度以南に「ベトナム共和国」を樹立。さらに「トンキン湾事件」※をきっかけとして、北ベトナムを攻撃したことから、泥沼化が始まる。

**●韓国のベトナム戦争参戦**

1964年、アメリカのリンドン・ジョンソン政権は同盟諸国にベトナムへの攻撃参加を呼び掛けた。軍事要員を派遣したのは、韓国、台湾、フィリピン、タイ、オーストラリア、ニュージーランド、スペインの7ヶ国のみだった。韓国以外の国の派兵は、工兵隊など戦闘とは関係のない部隊を派遣する形ばかりのものだったのに対し、韓国は「猛虎師団」「白馬師団」「青龍師団」など精鋭部隊を派遣し、のべ32万人という大兵力を動員。〝第二の米軍〟と称されるほどだった。

---

※トンキン湾事件
1964年にトンキン湾で起きた、米軍と北ベトナム軍の軍事衝突。北ベトナムの魚雷艇が米軍の駆逐艦に攻撃を仕掛けたという口実だったが、後にこれは米国による捏造であったことが判明した。

アメリカから要請される前に、韓国は二度にわたって自ら派兵を申し出ている。一度目は李承晩政権時代の１９５４年、二度目は朴正煕政権時代の１９６１年。ジョン・Ｆ・ケネディ大統領に派兵を提案したが、いずれも実現しなかった。ジョンソン政権になって、ようやく派兵が実現したのだ。

韓国は、ベトナム共和国と同盟関係を結んでいたわけでもない。東南アジア条約機構（ＳＥＡＴＯ）※の一員でもない。「米韓相互防衛条約」の適用範囲にもベトナムは含まれていなかった。では、なぜこうまでして派兵したのだろう。

それは、派兵の見返りとしてアメリカからの軍事援助、経済援助を期待したからだ。朴正煕政権にとって派兵と引きかえによって得られる軍事力強化と、ベトナム特需はとても魅力だった。つまり、自分たちのエゴのためにベトナム国民を犠牲にしたのだ。

## ●ベトナム戦争の悲劇

あまり知られていないことだが、韓国軍による民間人虐殺があったとされる村には、慰霊碑や憎悪碑が建っている。そこには事件が起こった年と日時、死者の名前と年齢が記されている。いくつか紹介しよう。

ブンタウ村には入口に増悪碑が建っている。当時、ブンタウ村の住民は50〜60人ほどだった。そのうち45人が１９６５年12月10日、虐殺されてしまったのだ。

---

※東南アジア条約機構　１９５４年9月、マニラで締結された条約に基づいて設立された反共軍事同盟。アメリカ・イギリス・フランス・オーストラリア・ニュージーランド・フィリピン・タイ・パキスタンの8ヶ国で結成された。

生き残ったチュオン・ヴァン・ホアの証言によると、朝の7時頃、村へ韓国軍がやってきた。ベトコンと誤解されないように、村人は広場へ集合していたのだという。ところが、韓国軍は彼らに銃弾の雨を浴びせ、手榴弾を投げつけたのだ。

必死で命乞いをする者にも容赦なかったという。ベトナム人たちも、まさか同じアジア人である韓国軍が無差別に攻撃してくるとは思わなかったことだろう。命を失った者の大半は女性や子ども、老人だったのである。

ジエンニエン村にあるジエンニエン学校の運動場の片隅にも慰霊碑が建っている。「1966年10月9日、南朝鮮軍隊によって112名の無辜の人民が死んだ」とある慰霊碑には、死者の名前と年齢がぎっしりと記されている。

ジエンニエン虐殺の生存者ファム・ティ・メオの証言によると、韓国軍はヘリコプターでやってきて住民を1ヶ所に集めた。そして、いきなり手榴弾を投げつけてきたという。

ハミ村の慰霊碑は「1968年1月26日に虐殺された同胞に捧げる」という書き出しから始まる。碑文によると、「(中略) 青竜部隊の兵士が狂ったようにやってきて、人々を虐殺した。ハミ村35家族のうち135名を殺した。ここは血に染まり、砂と骨とが入り交じり、家は焼かれ (中略) この砂浜とポプラの木が、虐殺を記憶するであろう。党地区政権とディエンズオンの住民、これを捧げる」とある。

ここで紹介した碑文はほんの一部※でしかない。

※ほんの一部
他にも「フォンニィ・フォンニャットの虐殺」「ゴダイの虐殺」など枚挙に暇がない。

**●ベトナム戦争終結**

アメリカは戦争を通じて、900万トンの爆弾をベトナムに落としたといわれている。また、ゲリラに苦労した経験から※ナパーム弾や枯葉剤で、ほとんどの森を焼き払った。それでも勝利には程遠かった。

サイゴンのアメリカ大使館が一時占拠されるなど劣勢になると、アメリカ軍は撤退を始め、1973年3月29日に完了する。当時のリチャード・ニクソン大統領は終戦を宣言。一方で、アメリカの支援を失った南ベトナム軍は主要都市が次々と陥落。ついに1975年、南ベトナム政府は無条件降伏を発表。それは、ベトナムが社会主義国によって〝赤化統一〟されることを意味していた。

アメリカの思惑で始まったベトナム戦争で、アメリカは何も得ることがなく怨みだけを買った。ベトナムは勝利したが、国土のジャングルや生態系、多くの命を失った。

韓国はといえば、ベトナム人から怨みを買ったが、アメリカからの援助を引き出すことができた。この目的のためにベトナム人が無駄に命を落としたのだ。

---

※ナパーム弾
ナパーム焼夷弾。焼夷剤を用いた油脂焼夷弾。焼夷力が非常に大きい。「第二次世界大戦」中に開発され、日本の都市への空襲にも使われた。人、家畜、建造物、陣地を広範囲にわたって焼き尽くす兵器である。

31

【外貨獲得のためには手段を選ばない】

# キーセン観光と従軍慰安婦

## ●外貨獲得のために

いよいよ時代は現代に近付いてきたが、ここで足を止めて、朴正熙政権が外貨獲得のために大々的に取り組んだ「キーセン観光」政策について詳しく解説したい。この政策を筆者が重要視するのは、現在日韓関係をこじらせている「従軍慰安婦問題」※と密接に関わっているからである。

「ベトナム戦争」前後、国家予算に頭を悩ませた朴正熙大統領は、外貨獲得こそが韓国が発展し繁栄できる唯一の道だと考えた。しかし、日本同様、売るような資源はほとんどないのである。とすれば、獲得の手段は輸出、送金、観光に頼るしかなかった。

まずは、サウジアラビアなどの中東諸国への出稼ぎだ。今の韓国からは想像もつかないが、当時は国全体が貧しかったのだ。男性は石油採掘、女性は看護婦やメイドをして韓国

---

※従軍慰安婦問題
「第二次世界大戦」中、占領地域で日本軍は民間の慰安所を利用。慰安所の建設、経営、管理にも一部関与・便宜をはかった。このことについて占領地域の元関係者から謝罪と賠償を求められている問題。

へ送金させることで外貨を獲得したのだ。とはいえ、出稼ぎ※ばかりに頼ってもいられない。しかし海外に輸出して外貨を獲得しようにも、当時の韓国は農業、漁業、軽工業に頼っており、海外に需要がある輸出品は見当たらなかった。東南アジアやアフリカはコーヒーやサトウキビ、カカオなどの外貨獲得手段を持っていたが、韓国には先進国が欲しがるものが少なかったのだ。

そこで、昌原と馬山に輸出加工区（経済特区）を新設し、日本企業を誘致した。日本企業は安い土地と安い人件費にひかれて進出していく。日本企業は工場を建設し、韓国人労働者に給料を支払ったので、雇用が増えて経済が回復していくのだった。

ところが、ここで新たな問題が発生する。

日本統治時代のキーセン

当時の韓国は部品を日本から輸入し、加工して輸出していたのだが、それによって韓国にとっての対日貿易赤字がかさんでしまったのだ。

韓国は日本の部品を必要としても、いくら安いからといって、日本が韓国が製造したものを買う理由はない。そこで、日本に流出する外貨を取り戻す手段として「キーセン観光」が猛威を振るうのである。

※出稼ぎ
現在でも北朝鮮は国民をロシアや中国、タイなどに出稼ぎに出して外貨を獲得している。

## ●キーセン観光の実態

「韓国の観光地」と聞いて、どこを思い浮かべるだろうか。

韓国は、中国や日本と違って観光資源には乏しい国だ。今でこそショッピングやエステ、ドラマのロケ地などが充実し観光大国となったが、当時の韓国は景福宮、水原華城、板門店※、慶州くらいのものであった。

当時の日本人の多くは、漢城へ行くくらいなら東京や大阪へ、華城へ行くなら姫路城や松本城へ、慶州へ行くなら奈良や京都へ行くだろう。

しかし当時、日本からは多くの観光客が韓国を訪れていた。

一体、何が目的だったのか？

「キーセン観光実態報告書」によると、1970年代から80年代前半にかけての日本人観光客の多くは下層労働者だったという。服装も粗末で東京へ行った経験がなく、ホテルも利用したことがなく、エレベーターの動かし方や洗面設備の使い方も知らない人たちが多かったという。彼らの大半の目当てがキーセン観光であった。韓国の交通部が1970年代に調査した結果によると、欧米人が市場、農村、板門店を好むのに対し、日本人の8割は「キーセンパーティーが良かった」と感想を述べたという。

キーセンは、「妓生」と書く。誕生は高麗時代とかなり古い。高麗時代や朝鮮時代のキーセンは歌舞や詩歌、書画などの教養を身につけていて、宮廷の祭りや宴席を盛り上げる役

---

※板門店（はんもんてん）朝鮮半島中部、北緯38度線の南5キロメートルの非武装地帯（休戦ライン）にある。韓国と北朝鮮の共同管理下にあり、朝鮮戦争の休戦会談が行われ、現在も交渉に使用される。

目を担った人々であった。一方で、高級官僚や外国からの使者たち※の〝夜の相手〟も務めた。戦後のキーセンは料亭などで民族衣装をまとい、宴会客の横に座ってそのあとで床も共にするのだ。早い話が遊女である。

つまり韓国政府は、日本人が自国の遊女を目当てに観光してくることを奨励していたのである。１９７３年、当時の韓国の文部大臣も、東京の韓国学園運営理事会の演説でキーセン観光を奨励する発言をしている。曰く、「韓国のキーセンやホステスたちが、経済建設に欠かすことのできない外貨を獲得するために、自分を売りながら国家のためにがんばっている。愛国心は立派なものだ」。

韓国観光公社は１９７３年から、キーセンに対して公的証明書である「遊興営業所就業証明書」を発行するようになる。この証明書はホテルに出入りする通行手形であり、同時に「売春行為に対する許可証」でもある。

この証明書を発行してもらうには、観光公社が主催する講習に出席して著名人と大学教授の講義を受けなければならなかった。講義の内容は「女性の稼ぐ外貨が我が国の経済発展にいかに大切か」といったことや「外国人客との接し方」などである。

日本の観光客が韓国の旅行会社、ホテル、キーセンハウスなどを使うことで外貨を落とすという構図ができあがっていたのだ。なんと、韓国の旅行収支は貿易赤字の10パーセントを相殺する黒字を計上していた。

---

※外国からの使者　もちろん大半は中国の王朝を指すが、日本にもキーセンを捧げたとの記録が残っている。

１９８０年代になると、経済成長に伴って、街が整備されて百貨店や免税店が次々と建設され、次第に現在のようなショッピング天国ができあがっていく。貿易収支も黒字を計上するようになり、わざわざキーセン観光を奨励する必要はなくなった。

## ●米軍慰安婦問題

韓国政府が国の都合で女性に負担を強いたのは、これが初めてではない。１９５０年に朝鮮戦争が勃発すると、韓国には米軍を中心とした国連軍が駐屯する。当時の米兵は既婚者であっても、いつ戦争に巻き込まれるかわからないため、単身赴任する者ばかり。イラクに家族連れで赴任する兵士がいないように、当時の韓国は危険な紛争地帯だったのだ。

さて、その基地のすぐ側には「テキサス」という名の基地村（売春街）が造られ、米兵向けにサービスが提供されていた。米軍相手の慰安婦[※]は「洋公主」と呼ばれた。

また、政府が資金援助する講座があり、米軍慰安婦は欧米のエチケットや英会話を学んだ。キーセン観光同様「いかに、あなたたちが韓国の経済発展や安全保障に貢献しているか」と称賛していたという。

こうした経緯に対して２０１４年６月、米軍慰安婦１２２人が韓国政府に１０００万ウォンの賠償金と真相究明、そして謝罪を求めて訴訟を起こした。

韓国政府は売春を奨励していたのが理由だという。

※米軍相手の慰安婦
１９９２年10月には、米兵のケネス・マークルが米軍専用クラブの従業員の尹今伊を惨殺する事件が発生、一時反米運動に発展した。

### ●慰安婦問題

さて、転じて日本と韓国で議論が続く「従軍慰安婦」問題である。

今さら説明の必要もないが、この問題は「太平洋戦争中の日本軍が組織的に女性を駆り集めて、慰安婦として自軍の兵士に供していた」と、批難されているものだ。

大きな根拠になっていたのは、元日本兵・吉田清治の証言『朝鮮人慰安婦と日本人』『私の戦争犯罪——朝鮮人強制連行』であるが、現在では多くの歴史学者※によって捏造であったことが証明されている。

ところが不可解なことに、日本軍による組織的な女性の拉致、監禁、暴行がなかったと証明されると、次第に韓国政府や日本の進歩的メディアは、日本軍が自軍の兵士のために慰安所を開設していたことや、そこへ泣く泣く入れられた女性たちの心の傷を問題にし始めたのである。

しかし本項で振り返ったように、韓国政府という機関は自国の発展のためにキーセン観光を奨励したり、米軍相手の慰安婦たちに「我が国の経済発展に貢献している」と説くなど、世界でも稀な「売春を政治戦略に発展させた」組織なのである。

慰安所という施設の存在は、人道的な観点から許されないのは当然であるにしろ、韓国政府はまず自国のキーセンたちに目を向けるべきではないだろうか。

---

※多くの歴史学者　この研究の第一人者である吉見義明、秦郁彦両者は慰安婦についての見解に相当な隔たりがあるが、「吉田証言」に正当性がないことについては完全な意見の一致をみている。

32

【ついに民主化成る】

# 軍事独裁政権の終焉

### ●金大中拉致事件

日韓関係を改善し、経済成長の基礎を作りつつあった朴正煕であったが、1971年の総選挙では、民主活動家出身の金大中に思わぬ苦戦を強いられる。得票率では朴正煕が53・2％なのに対して金大中《キムデジュン》は45・3％を獲得。国会議員選挙でも野党の新民党が議席を倍増させるなど国民の政権に対する不満がくすぶり始めた。

このころから、金大中の身の回りで不可解な事件が多発することになる。まず、この年には金大中が乗った車に大型トラックが突っ込んでくるという暗殺未遂事件が起こった。朴正煕によって創設された韓国中央情報部※（ＫＣＩＡ）による仕業である。命の危険を感じた金大中は海外で亡命生活を送り、日本とアメリカを行き来しながら民主化を訴えることにした。

※韓国中央情報部
朴正煕のクーデター成功後すぐに創設され、軍の諜報機関出身者を中心に構成された。主要任務は北朝鮮のスパイ摘発だが、他に様々な黒い陰謀に関与した。金大中拉致事件では日本の反社会勢力と協力したといわれている。

暗殺未遂事件から2年後、日本で世界中を驚かせる前代未聞の事件が起こる。なんと、東京のホテルグランドパレスに滞在中だった金大中がＫＣＩＡによって白昼堂々、拉致されたのだ。暗殺されてもおかしくない状況だったが、日本とアメリカが韓国政府に働きかけたこともあり、５日後にソウルの自宅近郊で発見された。

これは明白な日本に対する主権侵害である。当然、韓国政府は日本政府に謝罪をし、金大中を日本へ帰さなければならない。日本政府は抗議したが、韓国政府は謝罪することも、金大中を帰国させることもなかったのである。

朴正熙大統領の肖像がマスゲームで表現された大韓民国国軍パレード

### ●朴正熙大統領暗殺

金大中拉致事件の翌年の8月15日、この日は日本からの独立を記念する「光復節」で、朴正熙は夫人を伴って祝賀行事に出席していた。そこで、北朝鮮の工作員・文世光※が突如銃を発砲。朴正熙は無事だったが、夫人の陸英修《ユクヨンス》が命を落としてしまった。

犯行は日本在住の在日韓国人の仕業であること、犯

※文世光（ムンセグァン）　日本語を話せる文世光に、警備は招待されたＶＩＰだと勘違いし入場させてしまった。式典が始まったところで文世光は大統領のもとへ走り弾丸を発射したが、さすがに軍人出身の大統領はまったく無駄のない動作で演壇の陰に隠れ、難を逃れた。

行に使われた拳銃が大阪府警の派出所から盗まれたものであることなどから、韓国政府は日本政府を厳しく非難した。文世光はその場で逮捕され、朝鮮総連から指示を受けていたことを自供した。そしてわずか3ヶ月で死刑判決が下され、その年に施行されている。日本では考えられないスピードである。

朴正熙は1972年10月、非常戒厳令を布告。憲法を改正して、すべてを大統領の指揮下に置くことを宣言。直接選挙制を廃止し、自分の息のかかった「統一主体国民会議」※による間接選挙で大統領を選ぶこととした。簡単に言えば、「朴正熙以外は大統領になれないシステム」が作られ、独裁国家になってしまったのだ。

しかし、すでに国際社会からの独裁国家への風当たりは強く、朴正熙政権は人権問題で自由主義世界から批判を受けていた。また、国内では民主化を求める大規模なデモが全国で相次いでいた。

時代錯誤の軍事独裁政権を築いた朴正熙だったが、意外な形で退場することになる。

1979年10月26日、酒の席でKCIA部長の金載圭《きんさいけい》が、朴正熙大統領と警護室長を暗殺する事件が起こったのだ。今回も翌年には死刑判決が下され、5月に施行されてしまったため、真相ははっきりしないが、誰かの依頼というより、内部抗争のもつれからの犯行と見られている。

現在の韓国大統領・朴槿恵は両親を凶弾で失ったことになる。

---

※統一主体国民会議
韓国第四共和国憲法で規定された機関。条文では「国民の総意を体現した機関」とされているが、その機能は大統領を選出することだけだった。

## ●光州事件

朴正煕が暗殺されるとすぐに、保安司令官の全斗煥※ら陸士11期生がクーデターを起こし政権を握った。しかし、すぐには大統領にならず朴正煕政権でナンバー2だった、官僚出身で穏健派の崔圭夏《チェギュハ》大統領代行を間接選挙で第10代大統領に就任させる。崔圭夏は民主化を国民に約束して、政治犯を釈放。金大中の軟禁を解くなどしている。

しかし、力が足りずリーダーシップを発揮できなかったため、「5・17クーデター」で完全に全斗煥に実権を掌握されてしまう。就任わずか8ヶ月での出来事だった。結局、金大中や金泳三など26人が逮捕や自宅軟禁の憂き目に遭った。

これに対し反発した国民は反軍民主化デモや、労働争議を起こすなど抵抗した。全斗煥は非常戒厳令を全国に拡大し「ソウルの春」を力で抑え込んだ。

朴正煕の後釜として権力を握った全斗煥

金大中の地盤で民主化運動の拠点だった光州では「金大中の釈放」と「戒厳令の撤廃」を求める学生や市民が軍と衝突した。政府は米軍の許可を得て光州に戒厳軍を投入し武力弾圧した。投入されたのはベトナム戦争帰りの特殊部隊だった。

死者は政府発表で１７０人にのぼり国内外から

※全斗煥（チョンドゥハン）（１９３１～）
韓国の軍人、政治家。陸軍士官学校を第11期生として卒業し、陸軍少尉に任官。権力中枢部のポストを歴任し、国軍保安司令官として朴正煕大統領暗殺後の混乱を処理し、第11代大統領に就任。アメリカ、日本、アジア諸国との関係を緊密化し、１９８８年のソウルオリンピック招致に成功するなどの実績を築いた。

大きな批判を呼び起こす結果となった。一連の騒動に深く関与しているとして、金大中は軍法会議にかけられてしまい、死刑判決が下されるが各国の働きかけで執行は停止された。

## ●完全民主化へ

韓国の最も重要な同盟国であるアメリカは、全斗煥政権を容認していた。

未だ冷戦下であり北朝鮮の脅威があったからだ。アメリカの承認があるとはいえ、時代に逆行する大統領が国民の支持を得られるはずもなく、人気はほぼゼロに等しかった。そこで、全斗煥は韓国の大統領の最後の切り札、お決まりの「反日」カードを切る。

1982年、「日本の教科書が歴史的事実を歪曲している」との報道を受け、日本政府を強烈に批判。中曽根康弘総理の靖国参拝も糾弾することで国民の不満を日本へ向けることに成功した。

さらにナショナリズムを煽ろうと、独立記念館の設立を国民に呼びかけ、寄付を募った。

翌年には全斗煥は態度を軟化させ、学園の自立化、除籍学生の復学、政治活動規制の解禁を発表した。皮肉なことに、この宥和策が民主化運動を活発化させるきっかけになった。

ソウルオリンピック※を翌年に控えた1987年、民主化と大統領直接選挙制を求める声が一層強まるが、全斗煥は「4・13護憲措置」を発表して改憲をあくまで拒否。

---

※ソウルオリンピック　韓国の漢城を主催都市として行なわれた第24回夏季オリンピック競技大会。159の国と地域から約8500人が参加した。北朝鮮の参加拒否表明でボイコットの連鎖が心配されたが、同調したのはキューバとエチオピアだけだった。

しかし、治安本部に連行されたソウル大生・朴《パク》鍾哲《チョンチョル》が拷問によって死亡する事件が起きると、民主化を求めるデモは全国に拡大し、学生だけでなく知識人、社会人、主婦など様々な階層の人々が参加するようになる。

全国各地でデモ行進が連日続いた。オリンピック開催を翌年に控えた状態では、武力弾圧することは不可能だ。こうしてついに、韓国は完全な民主化を迎えることになる。

6月29日、全斗煥に後継者に指名されている盧泰愚※は「6・29民主化宣言」を発表。大統領直接選挙制、人権侵害の是正、金大中ら政治犯の赦免と復権などが盛り込まれた。10月には大統領直接選挙制、言論・出版の検閲禁止、労働三権などを保証した新憲法が承認され、ようやく民主国家となった。

活動家出身の大統領・金大中

## ●歴代大統領のその後

こうして、檀君の神話の時代から、私たちが接する現代の大韓民国の姿になるまでをたどってきたが、最後に民主化してからの歩みを振り返ろう。韓国の大統領が例外なくたどっている不幸な道は、歴史を語るうえで見逃せない。

まず、全斗煥は後継者の盧泰愚から不正蓄財の

---

※盧泰愚（ノテウ）（1932～）韓国の軍人、政治家。第13代大統領。陸軍士官学校を卒業。全斗煥の後を受け軍保安司令官に就任し、翌年には政界入りした。全斗煥から引き継いだソウルオリンピックを成功させ、当時のソ連・中国と国交を樹立した。

罪を問われ、山寺で隠遁生活を強いられる。次代の金泳三《キムヨンサム》大統領からは、光州事件の罪を問われて死刑判決を受けた。民主国家では前代未聞である。後に無期懲役に減刑され、金大中政権で特赦を受けて釈放された。

その盧泰愚はといえば、金泳三政権で不正蓄財と「５・17クーデター」の罪を問われ、懲役17年、追徴金２６２８億ウォン（約２７０億円）を言い渡されたが、金大中政権で特赦を受けた。

そして、「初の文民大統領」といわれた金泳三。「いかなる献金も受け取らない」と宣言した彼はクリーンな政治を志すも、なんと次男が不正に賄賂を受け取ったことで逮捕されてしまう。

次の大統領は金泳三の永遠のライバルで民主化を導いた金大中。彼自身は潔白だったのだが、息子３人が収賄容疑で逮捕されてしまう。国会議員だった長男は斡旋収賄罪が適用され最高裁で有罪となり、議員資格をはく奪されている。

次はクリーンなイメージで若者からの支持を集めた盧武鉉※。彼も退任後、兄が斡旋収賄罪で逮捕されたのを皮切りに、夫人と息子たちも収賄容疑で検察から事情聴取された。追い込まれた彼は２００９年、自宅の裏山の崖から飛び降りて自ら命を絶ってしまった。

経済大統領ともてはやされた李明博《イミョンバク》は、大統領在職中に国会議員の兄が、銀行と企業グループからの賄賂を受け取ったとの疑いで逮捕されている。李明博自身も土地と不動産を

---

※盧武鉉（ノムヒョン）
（１９４６～２００９）
韓国の政治家。釜山商業高校卒業後、陸軍に入隊。除隊後司法試験を受けて合格し判事となったが、弁護士に転身。人権派弁護士として活動した。金泳三に勧められ政界に進出。民主自由党を結成したことに反発し、金泳三と決別して、金大中と政治行動をともにする。２００２年、大統領に選出される。北朝鮮総書記・金正日と南北首脳会談を行った。大統領退任後、親族がかかわった不正献金疑惑で捜査中の２００９年、自宅近くの裏山から投身自殺を遂げた。

めぐる不正が疑われ、現在本人をはじめ家族は海外渡航禁止になっている。

なぜこのように、歴代大統領が漏れなく悲惨な末路をたどるのであろうか。

ひとつには、韓国の大統領には、極端に権力が集中している点が挙げられるだろう。いったん就任すれば、自然と巨大財閥※などから多額の資金が集まってくるから、手を付けざるを得ない。さらに、儒教社会では家族の縁がなにより大切であり、家長が出世すれば周りがそれにあやかろうとするのも自然だとする風土がある。これが身内に逮捕者が続出する理由であろう。

ただ、今まで見てきた歴史から探るとするならば、韓国人が培ってきた精神性に理由を求めることができる。すなわち、「易姓革命」の理論である。「権力者が権力を握るのは、天から天命を授かったからであって、それが尽きれば死あるのみ」という儒教の理屈をそのまま大統領に当てはめている節がある。退場した権力者への容赦ない追及は、高麗から李王朝に権力が交代した際の、苛烈な旧政権への弾圧を思い浮かべれば合点がいく。

「近くて遠い国」と言われるようになって久しい韓国ではあるが、理解しがたいような言動・主張も、我々日本人と同じように、それぞれの歴史のなかで培われたものなのである。

※巨大財閥
韓国の経済は、そのほとんどを三星財閥、LGグループ、SKグループおよび、分割された現代財閥、解体された大宇財閥の系列企業で占められており、その構造的な問題点を指摘する声もある。

# おわりに

日本人が韓国の歴史に触れるのは、学校以外ではなかなか難しい。しかし、その学校で韓国について習うことといえば、豊臣秀吉の朝鮮出兵と、日韓併合時代の〝悪行〟ばかり。その反動だろうか。最近は書店に行くと一角に「韓国コーナー」があって、「日本人が韓国人に酷いことばかりをしたというのは嘘だ！」「韓国人は嘘をついて日本を貶めていて許せない！」といった論調の本が所狭しと並んでいる。

本書を読んでくれた読者はお分かり頂けたと思うが、確かにそれは正しい。不当に祖国を貶められて、ニコニコしていられる人の方が珍しい。だが、右のような論調の本は、日韓併合時代や、戦後のことしか扱わない傾向にある。その時代に限って韓国やリベラルな日本メディアの矛盾を突き、「こんな国とは関わらなければ良い！」と締めくくる。

だが、筆者が本書を執筆するにあたって、日韓の関わりを改めて振り返ってみて分かったのは、日韓併合から現在までという期間は、我が国と彼の国との関係の歴史において、ほんの断片に過ぎないということだ。「相手を理解した」と言い切るには、あまりにも短い。だからこそ、学ばなければならない。

韓国の歴史は異民族からの侵入と、中国への服従の歴史である。日本のそれと比べてみると、あまりに波瀾万丈だ。大陸の勢力図が変わるたびに抜け目なく頭を下げる相手を変え、機嫌をとろうと貢物を送る。それでも攻められれば島に逃げ出して、地の利に頼る。日本との関係も利害関係が絡み複雑怪奇だ。友好関係を築いた渤海や百済のような国もあれば、倭寇を野放しにしているとして攻め込んできた高麗のような国もあった。

本書に書いた日韓の関係は、長年の友好国とは言えないものの、数百年の因縁がある敵同士という表現も当てはまらない。むしろ、変わっていくとしたら、両国の往来が楽になったこれからではないだろうか。私自身は、韓国で親切な韓国人にたくさん出会った。どんな年代の人も、私が道に迷っていると、おせっかいなくらい世話を焼いてくれた。彼らのことを頭に思い浮かべながら、私は性善説にも性悪説にも頼ることなく、史実と史料に基づき、できるだけ正確に韓国の歴史を書いたつもりである。繰り返しになるが、歴史は、面白くなければ頭に入ってこない。『三国志』や戦国時代の愛好家の数が証拠だ。

読者の皆様が、少しでも韓国の歴史を面白いと感じてくれたのであれば幸せである。

最後に、長期にわたり本書を担当してくださった、株式会社彩図社編集部の吉本竜太郎さんに、この場を借りてお礼を申し上げます。

２０１５年2月吉日　豊田隆雄

## 【参考文献】（順不同）

金徳珍『年表で見る韓国の歴史』明石書店／朝鮮史研究会『朝鮮の歴史』三省堂／室谷克実『日韓がタブーにする半島の歴史』新潮社／朴垠鳳『朝鮮の歴史がわかる１００章』明石書店／安本美典『倭の五王の謎』講談社／広瀬和雄『前方後円墳の世界』岩波書店／大平裕『知っていますか、任那日本府』ＰＨＰ研究所／石渡延男『わかりやすい韓国の歴史』明石書店／遠藤慶太『東アジアの日本書紀』吉川弘文館／武光誠『謎の加耶諸国と聖徳太子』ネスコ／鳥越憲三郎『古代朝鮮と倭族』中央公論社／梶村秀樹『朝鮮史』講談社／田中俊明『朝鮮の歴史　先史から現代』昭和堂／森公章『「白村江」以後――国家危機と東アジア外交』講談社／中村修也『白村江の真実　新羅王・金春秋の策略』吉川弘文館／歴史教育者協議会『東アジア世界と日本』青木書店／竺沙雅章『征服王朝の時代』講談社／間野英二『中央アジアの歴史』講談社／宮崎正勝『早わかり東洋史』日本実業出版社／永留久恵『対馬国志2巻』昭和堂／ラインハルト・ツェルナー『東アジアの歴史　その構築』明石書店／佐伯弘次『モンゴル襲来の衝撃』中央公論新社／森平雅彦『モンゴル帝国の覇権と朝鮮半島』山川出版社／海津一朗『蒙古襲来　対外戦争の社会史』吉川弘文館／田中健夫『倭寇』講談社／池亨『天下統一と朝鮮侵略』吉川弘文館／北島万次『秀吉の朝鮮侵略』山川出版社／崔基鎬『韓国　堕落の２０００年史』祥伝社／鈴木中正『中国史における革命と宗教』東京大学出版会／岡本隆司『世界のなかの日清韓関係史』講談社／岸本美緒『明清と李朝の時代』中央公論社／キムワンソプ『親日派のための弁明』草思社／キムワンソプ『親日派のための弁明２』扶桑社／

池明観『韓国近現代史』明石書店／松木国俊『ほんとうは「日韓併合」が韓国を救った』ＷＡＣ／崔基鎬『日韓併合　韓民族を救った「日帝36年」の真実』祥伝社／歴史教育者協議会『向かいあう日本と韓国・朝鮮の歴史　前近代編下』青木書店／金文子『朝鮮王妃殺害と日本人』高文研／高麗博物館『市民がつくる日本・コリア文流の歴史』明石書店／谷口光徳『日清戦争から学ぶこと』彩流社／金重明『物語　朝鮮王朝の滅亡』岩波書店／呉善花『韓国併合への道』文藝春秋／姜在彦『歴史物語　朝鮮半島』朝日新聞社／上田信『中国の歴史9　海と帝国』講談社／太平洋戦争研究会『キーワード　日露戦争と明治日本』新人物往来社／武田幸男『朝鮮史』山川出版社／小林慶二『観光コースでない韓国』高文研／鄭雲鉉『ソウルに刻まれた日本』桐書房／山口洋一『歴史物語ミャンマー』カナリア書房／武光誠『韓国と日本の歴史地図』青春出版社／水間政憲『ひと目でわかる「日韓併合」時代の真実』ＰＨＰ研究所／桜の花出版編集部『朝鮮総督府官吏　最後の証言』星雲社／姜在彦『日本による朝鮮支配の40年』朝日新聞社／崔基鎬『韓国がタブーにする日韓併合の真実』ビジネス社／拳骨拓史『韓国人に不都合な半島の歴史』ＰＨＰ研究所／イヨンフン『大韓民国の物語』文藝春秋／徐仲錫『韓国現代史60年』明石書店／古田博司『悲しみに笑う韓国人』筑摩書房／拳骨拓史『韓国の歴史教材「東アジア史」の真実』ＰＨＰ研究所／金賢娥『戦争の記憶記憶の戦争　韓国人のベトナム戦争』三元社／石川文洋『ベトナム　戦争と平和』岩波書店／申蕙秀『韓国風俗産業の政治経済学』新幹社／辺真一『大統領を殺す国　韓国』角川書店

著者略歴
豊田 隆雄（とよだ・たかお）
福島県生まれ。現職の高校教師。
埼玉大学大学院修士課程修了。
学生時代の専攻は東アジア研究。
韓国人留学生や中国人留学生から歴史に関する議論を挑まれた経験から、
正当性を得るために書物を読み漁り、日本の歴史に関心を持つようになる。
「歴史を語るなら、最後は史料」がモットー。
著書に『日本人が知らない日本の戦争史』（彩図社）がある。

# 本当は怖ろしい韓国の歴史

平成 27 年 3 月 3 日　第 1 刷

著　者　　豊田《とよだ》隆雄《たかお》

発行人　　山田有司

発行所　　株式会社　彩図社
東京都豊島区南大塚 3-24-4
MTビル　〒 170-0005
TEL：03-5985-8213　FAX：03-5985-8224

印刷所　　新灯印刷株式会社

URL：http://www.saiz.co.jp　携帯サイト http://saiz.co.jp/k →

　ISBN978-4-8013-0058-3 C0031